EMPIEZA HOY EL RESTO DE TU VIDA

Biblioteca
Jorge
Bucay

JORGE BUCAY

EMPIEZA HOY EL RESTO DE TU VIDA

DEL NUEVO EXTREMO

OCEANO

EMPIEZA HOY EL RESTO DE TU VIDA

© 2017, Jorge Bucay

Diseño de portada: Jazbeck Gámez

© 2018, Editorial del Nuevo Extremo, S.L.

D. R. © 2018, Editorial Océano de México, S.A. de C.V.
Eugenio Sue 55, Col. Polanco Chapultepec
C.P. 11560, Miguel Hidalgo, Ciudad de México
Tel. (55) 9178 5100 • info@oceano.com.mx

Primera edición en Océano: 2018

ISBN: 978-607-527-361-7
Depósito legal: B-27598-2017

Hecho en México / Impreso en España
Made in Mexico / Printed in Spain

9004359011217

Índice

Prólogo

Vivir aquí y ahora

Afrontar el desafío de nuestro día a día parece cada vez más difícil. Y esta afirmación es así tanto para nosotros como seres individuales como para nuestras parejas y para nuestras familias. También es así para nuestro pueblo o ciudad, para nuestra provincia y, muchas veces, incluso para nuestro país. El mundo es, verdaderamente, un espacio complicado porque no es lo que fue ni tampoco es lo que será; es lo que es, aquí y ahora.

Esta combinación de palabras, *aquí y ahora* —a las que puso atención hace más de cincuenta años el maravilloso y genial creador de la terapia gestáltica, Fritz Perls—, se ha utilizado tan a la ligera en estos últimos tiempos, que se puede decir que ha ido perdiendo progresivamente su fuerza original. Sobre todo porque se han apropiado de ella los comerciantes de ilusiones, los publicistas baratos y los políticos de mala fe, desproveyéndola de su significado real.

Hasta mi consulta, al igual que a las de todos mis colegas, se acercan cada año muchos hombres y mujeres cuyo mayor problema consiste en experimentar la sensación de que, habiendo llegado a tener todo lo que alguna vez desearon, no pueden disfrutarlo. Ellos hablan, lloran y se quejan; se lamentan de "aquello que deberían haber disfrutado en el pasado si se hubieran dado cuenta de lo que ahora saben que tendrían que haber disfrutado en aquel momento".

Estas personas tienen la seguridad de que esta situación ya no tiene remedio porque ya es demasiado tarde; no obstante, vienen a la consulta pensando en todo lo que van a disfrutar el día en el que superen ese problema. Alejados del presente, estos pacientes sufren permanentemente lo que la mayoría de nosotros padecemos algunas veces, oscilando entre la frustración de aquel "qué bonito hubiera sido si..." y la expectativa del "qué bonito va a ser cuando...".

El club de los anterógrados

Pongamos un ejemplo de esta situación. Permíteme que te imagine en una situación improbable. Supongamos que perteneces al Club de los Anterógrados —así se llaman los del "qué bonito va a ser cuando...". Y déjame halagar nuestro ego estableciendo que esta mañana te has despertado con un feroz deseo de leer este libro.

Debido a esta característica que acabo de atribuirte, puedo suponer que no has podido disfrutar del desayuno que alguien querido te ha preparado con amor porque estabas pensando en lo mucho que querías leerme.

Sin embargo, ahora que me estás leyendo, tampoco puedes disfrutar lentamente de la esperada lectura, ya que —casi sin quererlo— estás pensando en lo fantástico que será poder compartir estos conceptos con tus amigos Joaquín y Eugenia, con los que has quedado para cenar esta noche en un restaurante que hace tiempo que deseas conocer. Imaginemos que la cena es espectacular. Y la verdad es que podrías haberla gozado completamente si no fuera porque, durante la velada, no has podido dejar de pensar en lo bien que te sentirás cuando puedas llegar a casa para poder irte a dormir, ya que hoy estás exhausto.

Pero si realmente perteneces a este club, no deberías hacerte demasiadas ilusiones sobre ese momento porque, seguramente, cuando estés en la cama, quizá no consigas dormir pensando en la cantidad de trabajo que te espera al día siguiente. Un trabajo que, por cierto, te encanta y que sería mucho más placentero si no fuera porque, mientras trabajas, te pasas el día calculando cuánto te falta para reunir el dinero que te permita acceder al crédito del departamento que quieres comprarte.

Aunque intuyo con buen criterio que, cuando consigas vivir en el departamento, éste será motivo de una muy fugaz alegría porque pronto pensarás en lo fantástico que será cuando ya no tengas que pagar la hipoteca…

¿Sigo? Mejor no.

El mundo que habitamos

El mundo, te decía, es el que es. Y en él, nos guste o no, yo soy quien hoy soy, y tú eres la persona que eres hoy. Todo lo que hayamos ido depositando en nuestra vida en el pasado o todo lo que podamos imaginar de nuestro futuro es hoy, tan sólo, un recuerdo o una fantasía apenas y, como tales, para bien o para mal, no existen en la realidad tangible.

> El mundo real, el que nos contiene y al que pertenecemos, es sólo el presente y es el único cierto.

Sin embargo, anclarse en el presente no significa prescindir de la experiencia. Más bien consiste en aprender a no ser esclavo de ella (te prometo que hablaremos de eso un poco mas adelante, pero, por favor, ¡no te quedes ahora pensando en lo bueno que será leer el texto en el que hablaremos de ello!).

Tampoco interpretes que no hay que tener proyectos pues se trata de todo lo contrario.

> Vivir el presente significa también entregarnos a nuestros planes pero permitiéndonos el desafío de dejar que cada cosa nos sorprenda; vivir cada instante y cada experiencia sin anticipación, sin condicionantes y sin miedos.

Hablo de proyectarnos al futuro, pero sin llegar a habitar en él. Hablo de estar en paz con el pasado para dejar de recurrir a él buscando excusas y justificaciones.

Alguien podría creer que esta diferencia es sutil, pero no lo es. Y las consecuencias de mezclar esos dos fantasmas con la realidad del presente pueden ser a veces graciosas, pero otras, dramáticas. Recuerdo que cuando empecé a estudiar psiquiatría, el mundo pareció confabularse en mi contra, ya que todo el mundo me contaba chistes de psiquiatras locos y de pacientes aún más trastornados —¿o era al revés: pacientes trastornados y psiquiatras todavía más locos? Explicaré uno de aquellos chistes para ir poniendo punto final a este prólogo:

Un proveedor de instrumentos médicos visitaba en pleno verano un sanatorio psiquiátrico. Desde la pequeña terraza en la que tomaba un té con el director, veía a los pacientes que, en traje de baño, subían al trampolín junto a la piscina. Desde lo alto y al brioso grito de "¡Qué bonito será el jueves!", se zambullían de cabeza, uno tras otro, en el agua.

El visitante, un poco sorprendido por la unanimidad del "grito de guerra", se animó a preguntar al director:

—¿Por qué todos gritan lo mismo al saltar?... ¿Qué pasa los jueves?

—Todos los jueves nada, pero este jueves llenarán de agua la piscina...

Anclados en el presente

La tentación de volver a lugares más seguros de nuestro pasado es, por lo menos, tan tentadora como dejar volar nuestra fantasía al mundo idealizado del futuro, donde nuestros sueños se hacen realidad y finalmente será fácil hacer lo que hoy he dejado para otro momento. La conciencia del peligro que conlleva ignorar esta premisa me empujó hace muchos años a escribir para mi libro *Cuentos para pensar* un poema que titulé "Brevedad" y que elijo ahora volver a compartir contigo, querido lector:

> He nacido hoy de madrugada.
> Viví mi niñez esta mañana
> y sobre el mediodía
> ya transitaba yo mi adolescencia.
> Y no es que me asuste
> que el tiempo se me pase tan deprisa.

Sólo me inquieta un poco pensar
que tal vez mañana
yo sea
demasiado viejo
para hacer lo que hoy he dejado
pendiente.

Pensar en las consecuencias de esta eterna tendencia a postergar, nos abre la puerta al darnos cuenta del valor que tiene nuestro compromiso con el Aquí y el Ahora.

Este compromiso nos recuerda e impone la conciencia permanente de que, para vivir, es necesario estar anclado en el presente, dado que la única vida verdadera es aquella que transcurre en el tiempo y en el lugar en el que cada uno de nosotros está en cada momento.

El presente, resultado de todo lo que hemos vivido, es siempre nuestro mejor tiempo, en especial porque es el único momento en el que realmente podemos actuar.

Y entonces surgen tus preguntas, querido lector: ¿qué hace falta, qué es necesario, cuál es el camino para aprender a actuar adecuadamente en este fugaz y eterno momento que es el presente?

A lo largo de todos los capítulos que componen este libro intentaré contestar estas preguntas.

Para comenzar debo llamarte la atención sobre algo primordial que seguramente sabes, pero que, como me pasa a mí, a veces olvidamos.

Vivir vale la pena.

Es decir, que VALE… la PENA.

Dicho de otra manera: las dificultades de nuestra existencia incluido el padecer, la tristeza y el dolor que nos toca, valen como precio del privilegio que significa estar vivos, de ver el sol cada mañana, de respirar el aire puro, de escuchar la música que más nos gusta, de abrazar a la persona amada y de vivir lo que vivimos (TODO lo que vivimos).

Vale la pena insistir, crear, reintentar, fracasar, empezar de nuevo, construir y compartir.

Vale la pena vivir, aquí y ahora, sin postergaciones. Tanto más si estamos dispuestos a apostar, casi a ciegas, por lo que sigue, por el futuro, por el resto de nuestra vida, que, como dice la canción, empieza hoy.

CAPÍTULO 1

Conocerse, para vivir mejor

La mochila del pasado

En nuestro camino de vida, todos llevamos un equipaje, más o menos pesado, más o menos hiriente, más o menos difícil, un equipaje que empujamos, cargamos o arrastramos, condicionando de una u otra manera nuestra ruta y crecimiento.

Si hurgamos un poco en él, nos encontraremos con la mayoría de nuestros recuerdos más significativos, aun los más antiguos, cada uno condensado a su mínima y más conveniente expresión; cada uno encadenado casi a nuestro antojo con otras vivencias, datos e imágenes, muchas veces faltos de fidelidad histórica, pero irremediablemente atados a los sentimientos que desataron en nosotros.

En esta mochila llevamos el registro de las emociones y vivencias de los primeros besos y abrazos de nuestros seres más cercanos, mezclados con el sonido de las risas de los juegos infantiles, superpuestos a la incómoda impronta de los temores o angustias que siguieron a los primeros retos y prohibiciones…

Están también allí las palabras o los silencios de aquellos que nos criaron, las expectativas y los deseos que tenían para nosotros, el recuerdo de las frustraciones y de las alegrías que vivimos mientras crecíamos; revueltos entre ideas, juicios y sentimientos que hemos absorbido, casi sin darnos cuenta, de los adultos que nos educaron, condicionados a su vez por el contenido de su propio equipaje.

Esta carga de memoria y emociones va con nosotros a todas partes e influye en todas nuestras actividades, decisiones y vínculos. Nos hace inclinarnos por uno u otro camino, nos induce a sentir repulsión o atracción hacia ciertos rasgos y nos empuja a reaccionar, no siempre adecuadamente, ante determinadas situaciones…

En general no solemos percatarnos del poderoso influjo y de la fuerza que todo este bagaje emocional y cognitivo tiene sobre nosotros; casi nunca actuamos con la conciencia plena de que la lente de nuestra mirada agranda alguna parte de la realidad, oculta otras y lo tiñe casi todo del color de nuestro equipaje. En realidad, escapamos de ese darnos cuenta refugiándonos en la idea de que la nuestra es la reacción lógica de cualquiera en esta misma situación, o asegurando con convicción y vehemencia asertiva que simplemente "nosotros somos así" y que "no lo podemos evitar" (aunque en el fondo —y quizá no tan en el fondo—, la mayor parte de las veces sabemos que ninguna de estas dos cosas es verdad).

Hace más de veinte años, fascinado por las ideas que el psiquiatra Eric Berne planteaba en su libro *Juegos en que participamos*, compartía yo con mis pacientes de entonces la neurótica actitud de tener siempre a mano una excusa que permitiera evitar la dura tarea de saberse adultos y asumir responsabilidades. Así, la terrible historia de unos padres alcohólicos, o una vida de privaciones o las brutales carencias afectivas, son exhibidas por algunas personas como carta de presentación, sin tapujos ni pudores, ante la menor reclamación, crítica o exigencia de los otros respecto a sus errores o desaciertos.

El creador de la terapia transaccional describía esta conducta en un personaje de ficción al que colocaba como protagonista de muchos juegos de manipulación psicológica; un personaje que llevaba siempre una camiseta con una inscripción: "Dejen de pedirme cosas. ¿Es que no ven que tengo una pata de palo?".

Si miramos en nuestra mochila, no podremos dejar de ver que nosotros también llevamos una camiseta similar, aunque su texto-excusa no sea exactamente el de una pata de palo, pero que cumple su misión con igual probada efectividad.

Busquemos ayuda en esta antiquísima historia zen:

Un día, un estudioso viajó a las montañas para entrevistarse con Na-Jin, un viejo monje zen. Cuando estuvieron uno frente al otro, el estudioso dijo:

—Maestro, he leído todo cuanto ha llegado a mis manos y estudiado largas horas los escritos de los grandes eruditos. Vengo a ti para aprender los secretos del zen.

El viejo monje pareció hacer caso omiso a estas palabras y por toda respuesta dijo:

—¿Te gustaría tomar una taza de té?

—Eeeh…, bueno, de acuerdo —respondió el estudioso algo sorprendido.

Na-Jin colocó dos tazas sobre la mesa y comenzó a servir té en la del estudioso. Pronto la taza se llenó, pero Na-Jin continuó sirviendo, de modo que el té se derramaba por el borde.

—¡Maestro! —exclamó el estudioso—. La taza ya está llena. No puede servir más.

—Así es —dijo Na-Jin, deteniéndose justo entonces—. Tú eres como esta taza. Vienes lleno de tus ideas y prejuicios. ¿Cómo podría yo enseñarte algo si no hay lugar para nada más? Si verdaderamente quieres aprender… vacíate de lo que traes y sólo entonces podrás conocer el zen.

¿Deberíamos, pues, deshacernos de nuestros recuerdos y emociones? ¿Sería mejor prescindir de nuestros conocimientos y experiencias? Seguro que no. Si lo hiciésemos, perderíamos una gran cantidad de aprendizajes, de valiosas guías y de recursos fundamentales… ¿Y entonces? No se trata de deshacernos sin más de todo el equipaje, como si lo arrojásemos al mar… Se trata, como en el cuento, de quitar lo que ya no sirve, de dejar atrás lo que ya no es útil, de hacer espacio.

La imagen que sigue no es exacta, pero servirá para aclarar lo que intento decir:

- Imaginemos que tenemos en nuestra computadora una cantidad exagerada de información que hemos acumulado desde la época del bachillerato.

- Imaginemos que un día queremos guardar una tarea en la que hemos trabajado varios meses y que la pantalla nos informa: "No hay espacio suficiente para guardar este archivo".

- Imaginemos, además, que no tenemos ninguna memoria externa con la que ayudarnos y que no podemos, ni queremos, darnos el lujo de perder todos estos datos. ¿Qué haremos?

- Obviamente, buscaremos en toda la computadora tratando de elegir de qué archivos nos podemos deshacer, a fin de crear el lugar suficiente para el trabajo de tantos meses. Recorreremos nuestra memoria —la de la computadora, claro— para elegir aquellos datos que ya no son importantes y que han quedado en nuestra máquina porque no nos hemos dedicado a borrar la información que ya no se necesita.

Nuestra mente no funciona del todo así, pero casi. Lo malo es que, con nuestras emociones, no podemos comenzar a hacer lugar cuando nos enteramos de que nuestro disco duro está lleno; hay que hacerlo antes.

Una buena economía de nuestro equipaje consiste en animarnos a colocar la mochila frente a nosotros alguna vez, abrirla y, con coraje, hurgar en su contenido allí mismo, intentando ser más conscientes de lo que llevamos en hombros: cada idea, cada prejuicio, cada mandato, cada sensación, cada hábito.

Ser capaces de vaciar la maleta para decidir, antes de seguir el camino, qué cosas desecharé y cuáles volveré a llevar conmigo, en la siguiente etapa de mi viaje. Con toda seguridad habrá cosas de las que será fácil deshacerse, otras que requerirán un trabajo mayor y algunas menos que seguirán en mi mochila, quizá para siempre. Esto no tiene por qué ser un problema.

Descartado lo irrelevante, lo que quedará en mí después de vaciarme será mi fortuna experiencial, la verdadera herencia emocional, que tal vez lleve hasta ofrecérsela a mis nietos.

Recorrer lo que queda por delante, pasar de plano o simplemente seguir creciendo es también —o quizá muy especialmente— dejar atrás aquellos preconceptos y vivencias relacionados a un yo que ya no soy; es abandonar el pedirme que siga siendo como era, pensando como lo hacía o reaccionando como solía hacerlo.

Y es muy importante resistir la tentación de echar la culpa a otros de nuestra carga, responsabilizar a los demás de nuestro estancamiento o acusarlos de nuestra actitud distraída. Nadie nos ha forzado a llevar con nosotros tanto equipaje.

> El camino personal es un camino interior y, seguramente por eso, las excusas, los obstáculos y la resistencia a vaciarnos también vienen mayoritariamente de lo interno.

Una vez más, aclaro que los terapeutas sabemos que es imposible dejar atrás el ciento por ciento de nuestros condicionamientos. De hecho, algunos de ellos están escondidos de nuestra propia mirada, algunos de ellos pertenecen verdaderamente a la esencia de nuestro ser y algunos otros —por qué no admitirlo— nos acompañan desde antes de nacer, quizás hasta formando parte de nuestra información genética. Esto es verdad, aunque no sea toda la verdad.

Es obvio que si queremos avanzar más livianos en el camino de la vida, deberíamos dejar de cargar con tanto mandato, prejuicio y esquema pesado y obsoleto, especialmente porque los que trabajamos en salud mental vemos continuamente que hay una parte del equipaje de todos que es inútil, negativo y hasta a veces tóxico. Será importante, pues, hacer todo lo que nos sea posible para vaciarnos de esa parte, aunque con ello se sacrifiquen algunos mensajes nutricios, porque éstos y aquéllos, si bien fueron útiles allá y entonces, hoy ya no lo son.

Si pretendemos vivir sin repetir errores, aferrados a un mismo camino, si queremos aprender cada día y dejar de sentirnos agobiados en el viaje, si ambicionamos que nuestro yo más auténtico se manifieste en plenitud, es hora de poner en práctica la periódica limpieza de nuestra mochila, aunque no sea más que… para hacer lugar.

Tu guion de vida

Los especialistas en ciencias de la salud no nos cansamos de hablar de la importancia de construir vínculos sanos, del desarrollo o crecimiento que siempre implican, de lo nefasto de los vínculos enfermizos y destructivos. Algunos (como yo) aprovechamos para hacer notar cada vez que entramos en estos temas, la durísima noticia (obvia, aunque olvidada) de que todo lo establecido respecto a las mejores y a las peores relaciones con los demás se deriva, se influencia, se asemeja y se nutre de la relación que mantenemos con nosotros mismos.

Saberlo y comprobarlo, personal y profesionalmente, no ha conseguido ahorrarme ni una de las estériles discusiones que se generan, a pesar de uno, tanto con aquellos que menosprecian la existencia y la relación con ese yo interno como con aquellos que magnifican la importancia de este vínculo interno.

Estos últimos porque suelen caer en la trampa reduccionista de creer que aquí está la llave de todo lo positivo, constructivo y saludable del mundo psíquico, y por supuesto no es así. Los otros, escépticos materialistas, en el sentido filosófico del término, porque terminarán cuestionando (si no empezaron por allí) la mera existencia de ese "uno mismo", al que consideran una simple abstracción virtual (y engañosa) de la palabra "yo".

Nosotros, seguramente a mitad de camino entre ambos, pensamos que el vínculo interno existe y que pesa casi en cada una de nuestras decisiones, aunque no llegue a determinarlas.

En lo personal, como ya sabes (¡nos conocemos desde hace tiempo!), ese vínculo tan sanador como creativo aparece formando parte siempre del concepto de "disfrutar de una buena autoestima":

> Una amigable relación con uno mismo conlleva el conocimiento y la genuina aceptación de la propia esencia, que no puede derivarnos más que hacia una amorosa y por igual tolerante relación con nuestros mejores y peores aspectos.

No es para nada accidental que utilicemos expresamente el adjetivo "buena" al referirnos a la mejor autoestima posible, desechando el popular adjetivo tan recomendado de "alta" o "elevada". Lo hacemos *ex profeso* para dejar claro y establecido que no se trata de sobrevalorar ni de aumentar ninguna autoimagen sino de desarrollar una cuidadosa, voluntaria, amorosa y desprejuiciada mirada de quiénes somos y hacia dónde vamos. Así, la deseable y afinada relación de cada uno de nosotros consigo mismo —incluyendo nuestros sueños y deseos— nos ayudará a superar el pudor y la culpa de aceptar la cuota de "egoísmo sano", como me gusta llamarlo, que todos precisamos para ser capaces de prodigarnos —también a nosotros— aquellas atenciones y cuidados que en general sólo dedicamos a quienes amamos.

Sintetizando, se trata de:

- Pensarnos y tenernos en cuenta (mirarnos con buenos ojos, diría mi madre).
- Considerar nuestras necesidades y satisfacer, si es posible, algunos gustos.
- Dejar de criticarnos sin piedad y no condenarnos a perpetuidad por nuestros errores.
- Sanar con amor nuestras heridas. Todas nuestras heridas (y quizás, especialmente, aquéllas de las que fuimos directamente responsables).

Éste es el principio del trabajo personal que cada uno debería encarar, tarde o temprano. Una tarea a mi entender necesaria e inevitable, si deseamos recorrer el camino de transformarnos en la mejor persona que podemos ser.

Eso si, sin perder el rumbo.

Platón contaba una historia que nos servirá para comenzar la tarea:

En cierta ocasión, un ignoto ciudadano ateniense se ve sentado a la mesa de un banquete al que están invitados los grandes pensadores y poetas griegos para debatir el tema del amor. El hombre, rodeado de tanta gente ilustre, se siente incómodo, piensa que él no merece estar allí y cree que todos lo miran con desconfianza. En su mutismo se debate entre quedarse o irse. De repente, nota que el hombre que está sentado junto a él cambia su primera mirada adusta y crítica por una sonrisa amplia y confortante. El protagonista decide confesarle al desconocido —cuya cara le resulta extrañamente familiar— que él no debería estar allí y que ni siquiera sabe cómo ha llegado a rodearse de tanta gente valiosa. El otro escucha pacientemente y luego le dice que, si está allí, es porque de alguna manera se lo merece, aunque él mismo no lo sepa.

A medida que avanza la cena, el desconocido se ocupa de hacerlo sentir más y más cómodo: le sirve vino, le dice que le gusta haberlo encontrado allí y hasta debate con él las palabras de los sabios de Atenas.

Cuando la reunión finaliza, el hombre, totalmente relajado y consciente de haber pasado una velada tan agradable como nutritiva, se dirige al desconocido para despedirse de él.

Justo en ese momento se da cuenta de que el hombre que ha estado sentado a su lado, que ha cuidado de él durante la cena, que ha alejado de su mente la sensación de ser un intruso, tiene su mismo rostro.

*Aristodemo, el protagonista de la historia, abandona el lugar con una sonrisa al comprender que se ha permitido sentirse valorado **por sí mismo** y que, gracias a eso, ha podido disfrutar de esa noche y que ese conocimiento tal vez le prometa una vida mejor.*

Hasta aquí el relato. Al releerlo, comprendemos claramente el error y el peligro que significa olvidarnos de nosotros mismos, pero hay más…

Si imagináramos nuestra existencia como una ingeniosa película que narra nuestra vida, no deberíamos olvidar que cada quien es —por fuerza— el o la protagonista de ese filme.

Pero también es quien dirige cada escena,
y también quien diseña el escenario
y quien elige casi todo el elenco.

Para algunos esto no es difícil de comprender ni de aceptar; pero, como terapeuta, he aprendido que la complicación empieza cuando se les propone aceptar con enereza que cada uno de nosotros tiene gran parte de la responsabilidad de la trama que narra su propia vida.

Digo y sostengo que todos somos guionistas de nuestra película; y que aunque a veces improvisamos, en general hacemos lo imposible para respetar el argumento principal.

Sometidos por nuestra educación a utilizar como material lo que se nos está permitido y a diagramar estrategias solamente desde lo que se nos llevó a pensar que era correcto, noble o elegible, cada uno de nosotros construyó, dándose cuenta o no, un programa para su vida: un argumento, un guion y, sobre todo, una determinada forma de interpretar el mundo acorde a lo que se debe y a lo que no se debe; acorde a cómo son o deberían ser las cosas; en sintonía con las acciones y los pensamientos permitidos y en conflicto permanente con lo que no se debe pensar, hacer ni fantasear.

Desde el principio, nuestra educación nos deja claro que cambiar esta mirada "normal" o intentar modificar esta realidad "socialmente aceptable" es una conducta por lo menos arriesgada, de consecuencias imprevisibles, especialmente para un niño o una niña como los que fuimos. La mirada de nuestros padres nos enseñó rápidamente que declararse transitoriamente en rebeldía es una cosa, y correr el riesgo de quedarse excluido es otra.

Afortunadamente, a medida que crecemos, nos damos cuenta de que la vida, esa que vale la pena vivir, implica necesariamente correr algunos riesgos, y de que, encerrados en la segura cárcel de "lo que siempre fue así", terminaremos apagándonos como la llama de un cerillo.

Afortunadamente en algún momento, aunque sea fugaz, nos damos cuenta de que aquella otra vida, no tan fácil, es mucho mucho más atractiva.

Afortunadamente, la mayoría de la gente, decide alguna vez salirse del encuadre, como tú lo has hecho alguna vez y como lo volverás a hacer en el futuro.

La gran llave de una buena calidad de vida pasa también por concedernos el derecho de cuestionar las pautas heredadas y aprendidas, y darnos los permisos para explorar con curiosidad e interés todo lo que nuestro cuerpo, alma y espíritu pidan. Dicho de otra manera, aceptar los cambios, los de fuera y los de dentro, para vivir en el presente con intensidad y compromiso cada minuto, con más sorpresa que seguridad.

Pensándolo desde este punto de vista, el problema se desplaza.

Nuestro verdadero desafío, la dificultad, el obstáculo a salvar no es el del dolor de no ser aceptado por la mayoría, sino el del valor de vulnerar el argumento de vida que otros nos escribieron y que aprendimos a sostener.

Los guiones de vida pueden ser tan "inocentes" y estandarizados como los que determinan que "obviamente" hay que casarse y tener hijos; o tan perversos como los que empujan a un destino de delincuencia o vida marginal. A veces son lineales, evidentes y explícitos, como los que condicionan una determinada profesión o la continuidad de un negocio familiar; y otras, retorcidos y ocultos, como el mandato de fracasar en todo lo que se intenta.

Sin embargo, si queremos ser libres definitivamente, será nuestra tarea descubrir los argumentos ajenos que estamos siguiendo (buenos y malos) y luego descartarlos TODOS.

Se trata de luchar con los condicionamientos que arrastramos desde la infancia y que, en el mejor de los casos, están atados a un mundo que ya no es y a personas que, como nosotros mismos, ya no son las que fueron.

Tal vez en estos planteamientos se pueda adivinar la génesis de muchísimos desencuentros entre padres e hijos. En el natural proceso de maduración, tarde o temprano es imprescindible reemplazar aquel proyecto que nuestros padres y maestros sembraron en nosotros por uno que realmente sea propio, alineado con nuestros gustos y con las apetencias o necesidades de nuestro ser, aquí y ahora. Es entonces cuando nos enfrentaremos con el riesgo del rechazo, la crítica, el reproche. Ése será el tiempo en el que la lección del guerrero espartano Aristodemo se volverá más clara.

Debemos aprender, incluso con dolor, que muchas personas de nuestro entorno no comprenderán ni estarán dispuestas a acompañarnos en la decisión de ser quienes somos, mientras nos encaminamos hacia el rumbo elegido por nosotros.

Pero tranquilos, que aunque no sepamos si encontraremos a alguien que sea capaz de bien acompañarnos, siempre podremos contar con nuestra propia mirada de aprobación, con nuestro estímulo motivador y con nuestro amor.

Después de trazar nuestro rumbo y escribir nuestro nuevo guion, nos quedará aún por delante un paradójico desafío: el de contribuir como hombres y mujeres, como padres o maestros, como jefes de una empresa, como dirigentes o como simples habitantes de esta gran aldea, a que cada persona, niño, adulto o anciano se conceda cada vez más conscientemente el mismo permiso que aprendimos a darnos; empujar a otros a romper con los condicionantes arrastrados desde siempre, despertar el coraje necesario para encaminar los pasos en la dirección que señala su nuevo horizonte.

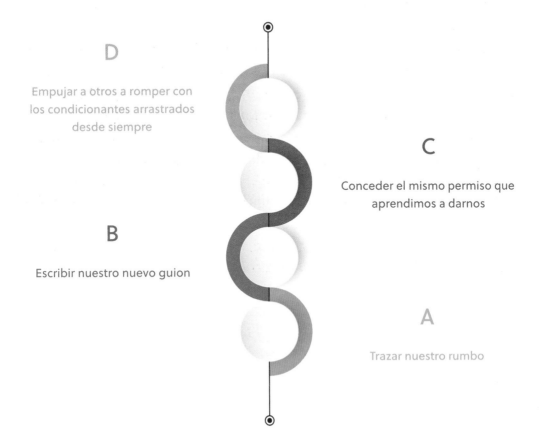

D

Empujar a otros a romper con los condicionantes arrastrados desde siempre

C

Conceder el mismo permiso que aprendimos a darnos

B

Escribir nuestro nuevo guion

A

Trazar nuestro rumbo

Decir que sí, decir que no

Ser adulto significa poner límites, defender nuestra postura y afrontar con valor la despedida de quienes no nos dejan ser quienes somos. El hombre ha hecho gala, desde siempre, de una dudosa virtud: la capacidad de mentirse a sí mismo y de creerse sus propias mentiras.

Todos actuamos como creativos editores de nuestras vidas presentes, pasadas y futuras, todos escribimos guiones que mejor se adapten a nuestros sueños, que más se ajusten a nuestra conveniencia o que justifiquen nuestras acciones. Todos inventamos, por hábito o imitación, mundos fabulados y utópicos, donde somos exitosos o buenos, héroes o mártires y hasta a veces somos víctimas injustamente elegidas por los dioses para descargar sus conjuros más nefastos.

Nada tiene de malo soñar un poco, si uno es capaz de despertar y diferenciar esos sueños de la realidad.

Ni siquiera somos fieles a nuestros recuerdos, que analizamos con una memoria que dista mucho de ser eficaz. Tanto más lejos, cuando pretendemos comprender los hechos con nuestra subjetiva y condicionada mirada o cuando, basándonos en estos análisis, hacemos predicciones caprichosas que consideramos lógicas y esperables.

Así, confundimos la parte con el todo, inventando un mapa que sostenemos con el simple y perturbador mecanismo de negar cualquier dato que no convenga a nuestro trazado.

Si este "mapa" de la propia realidad nos condujera a lugares positivos, creativos y constructivos, este libro sería apenas un lujo dialéctico. Pero no lo es. Nuestro ser en el mundo está condicionado por algunas de estas falsas "verdades" sobre la vida y los demás, que es necesario revisar.

Dice el maestro Osho:

> **No puedes reclamar lo que es tuyo si vives convencido de que eres un mendigo y que nada te pertenece.**

Este tema (el de lo que nos pertenece por derecho propio y nuestra incapacidad de hacerlo valer) asoma a mi mente con demasiada frecuencia en los últimos años, lo relaciono con la sistemática invasión de la vida privada de las personas. Confieso que se me eriza la piel al presenciar o padecer el manejo displicente de los datos de todos a manos de los genios del marketing, los medios de comunicación audiovisuales, los servicios secretos y no tan secretos de los Estados, los vendedores de tecnología de alta gama, los agentes fiscales, los delincuentes, la policía y hasta el ingenuo jovencito de enfrente que, jugando y jugando con su computadora, hackea y distribuye en la web fotos robadas a sus vecinos.

Estoy convencido de que estas atrocidades aparecen en el mundo occidental entramadas con la crisis de ciertos valores tradicionales y con la creciente tendencia al aislamiento de los individuos que, para mi personal preocupación, transitan un tiempo de ensalzamiento pseudovirtuoso del anonimato, entre otras miserias, que olvidan gravemente la importancia de respetar los derechos individuales y la necesidad de defenderlos. Derechos que deberían incluir, para empezar, el mencionado derecho a la privacidad de cada uno sin distinciones, la libertad absoluta de sentir, pensar y creer cosas distintas de la mayoría, la necesaria autonomía que conduzca a decidir a su antojo sobre las propias cosas y a cambiar de opinión sin tener que pedir autorización y muy especialmente, aun a riesgo de parecer

demagogo, incluiría en letras grandes y claras que se RESPETE A ULTRANZA EL DERECHO DE CADA QUIEN A DECIR QUE NO.

¿Hace falta que aclare que estos derechos no deberían vulnerar los derechos ajenos? Supongo que no y lo daré por obvio.

Vuelvo al tema principal. Descubierta en nosotros la fuerza de los mandatos y decididos a enfrentarnos con esas cadenas, ¿qué nos impide ser quienes sabemos que somos?

> Tres conocidos fantasmas, convocados por nuestra cultura, aparecen para cumplir su odiosa misión: evitar que nos plantemos a defender nuestro derecho. Son el **miedo**, la **culpa** y la **vergüenza**.

Nadie nace temeroso de ser quien es, eso se aprende poco a poco y, paradójicamente, de la mano de quienes más queremos. Muy rápido descubrimos que si aceptamos ciertos mandatos y dejamos de rebelarnos ante algunas órdenes, somos premiados por quienes tienen la responsabilidad de educarnos. Casi al mismo tiempo, confirmamos que darle espacio a nuestro verdadero deseo ocasiona regaños, enojo o abandono y, sólo por instinto, nos damos cuenta del camino que hay que recorrer si pretendemos esquivar la vivencia de ansiedad o temor que acompaña, desde muy temprano, a la desaprobación o el desamor de los demás, de los que el niño depende realmente.

Aun siendo complaciente con algunas pautas educativas, este mecanismo que puede parecer "normal" y comprensible durante los primeros años de vida, deja de serlo cuando somos adultos y seguimos anclados a una insaciable búsqueda de atención y aprobación.

De hecho hacerse adulto significa, entre otras muchas cosas, hacerse asertivo: saber poner límites, defender las propias posturas y enfrentarse con la pérdida que representa la partida de los que no están dispuestos a permitirnos ser nosotros mismos.

Desgraciadamente son muchos los individuos que no consiguen madurar en este sentido, y quedan atrapados en la idea de que deben aceptar

HACERSE ADULTO

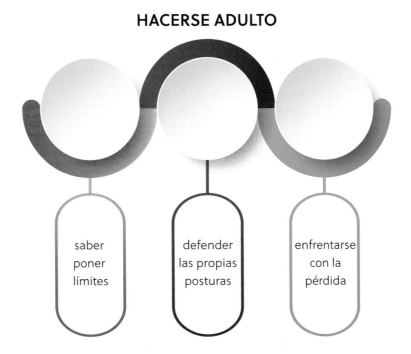

saber poner límites

defender las propias posturas

enfrentarse con la pérdida

las reglas, las manipulaciones o las condiciones antojadizas que otros imponen, pensando que estos "pequeños" maltratos, abusos e injusticias son situaciones desagradables "normales" con las que "hay que convivir" para "no estar peleando todo el tiempo".

Claro que esto no es nuevo. De hecho, el primer libro moderno que se podría definir como de autoayuda se publicó hace más de medio siglo, y no casualmente se llamaba *No diga sí cuando quiera decir no*, y pese a que sus planteamientos serían tomados hoy como simplistas, el libro fue un increíble éxito editorial y su saga marcó una época.

Una mujer maltratada, un estudiante que recibe un trato injusto o un empleado que soporta las agresiones de su jefe son la expresión no sólo de una baja autoestima sino también de una actitud de sumisión que aprendieron antes y que deben desaprender, aunque esto los conecte con la tortuosa lucha interior entre la dignidad y el miedo a quedarse solos. El abuso psicológico sucede cuando un canalla, un psicópata o un listillo encuentra en otros la posibilidad de obtener un beneficio. Y si bien es cierto que las

personas más débiles atraen como un imán a los más abusadores, es importante aclarar que la víctima NUNCA es la responsable del abuso, aunque a veces sí sea su cómplice. Los terapeutas sabemos que las personas que no han desarrollado su capacidad de ejercer o defender sus derechos tienden a sobrevalorar los derechos, la fuerza, la habilidad y las armas de los demás, denigrando y despreciando las propias.

> Todo individuo lleva la humanidad en su interior y la igualdad entre los hombres se debe recordar especialmente para evitar que uno se convierta en instrumento de otro.
>
> ERICH FROMM

Exigir respeto empieza, por supuesto, por respetarse uno mismo, siempre, en cualquier situación y ante cualquier persona, ya que si acepto, aunque sea esporádicamente, el maltrato o la ofensa, estoy admitiendo que merezco ser maltratado u ofendido.

Y no debería ser necesario aclarar que el absurdo invento sociocultural que supone una incompatibilidad entre el amor por uno mismo y el amor por el prójimo es sólo una manipulación perversa. Aunque deberemos admitir también que actuar en congruencia con el principio de un sano egoísmo valioso y necesario nos hace, con demasiada frecuencia, entrar en conflicto, confrontando dos necesidades: la individual y la gregaria.

Según mi experiencia, no menos de dos de diez personas padece algún tipo de ansiedad social:

- tímidos
- apocados
- sumisos
- maltratados
- sojuzgados
- abusados

Son hombres y mujeres incapaces de resolver la lucha interna que los agobia entre su necesidad de la mirada ajena y de su aprobación por un lado y el temor a la crítica o el abandono por otro.

Es en estas personas en las que se hace más nítido y urgente aprender a defender el último de los derechos enunciados más arriba, el derecho a decir que no.

- Si le digo que no
- Si me niego a hacer lo que no quiero
- Si pongo límites

¿Cuáles son nuestras fantasías?

- Se enfadará conmigo.
- Pensará que soy una mala persona.
- Dirá que no lo quiero lo suficiente.
- Me guardará rencor.
- Se ira con alguien que le diga siempre que sí....

Nadie podría asegurar que estas reacciones sean imposibles, pero el valor de una vida sana de crecimiento merece que se pague el precio de cada uno de estos dolores. Después de todo, nunca se defraudaran por nuestro "no" aquellos que nos aman como somos, y que son, obviamente, los únicos que nos aman verdaderamente.

Decía mi padre, en otro contexto: "Antes de decir que *sí* piensa en ti y antes de decir que *no* piensa en el otro", y al recordarlo, me nace una llamada de atención. Sería bueno siempre saber diferenciar *sinceridad* y *crueldad*.

Seguramente, frustramos con un "no" ciertas expectativas de alguien, pero no por eso dejamos por fuerza de quererlo ni de tenerlo en cuenta. Somos contundentes, pero no antojadizos. Privilegiamos nuestra necesidad, pero no despreciamos la suya. Quizá no estemos dispuestos a hacer su voluntad pero eso no significa que no nos importe lo que le sucede con nuestro rechazo.

Y aun para cuidar al otro intentemos ser claros, no generemos confusión. Que nuestro "no" nunca sea descortés ni agresivo, pero tampoco postergador ni ambiguo.

Dice el doctor en psicología Hugo Finkelstein en su poema "No":

> No es no, y hay una sola manera de decirlo.
> No.
> Es corto, rápido, monocorde, sobrio y escueto.
> No.
> Se dice una sola vez [...]
> No
> Un No que necesita de explicaciones y justificaciones,
> no es No. [...]
> No es No, aquí y muy lejos de aquí.
> No, no me deja puertas abiertas ni entrampa
> con esperanzas. [...]
> No es el fin de un libro, sin más capítulos ni
> segundas partes. [...]
> Ese No no es una negación del pasado,
> es una corrección del futuro.
> Y sólo quien sabe decir No puede decir Sí.

En efecto, si aprendemos a decir "no" y a valorar nuestro "sí", habremos dado un gran paso en la conquista de una mejor calidad de vida, creceremos en lo personal y haremos crecer nuestras relaciones con los demás.

Dejarse fluir

esde hace medio siglo, un concepto ha invadido los discursos de todos los que trabajamos en salud mental y nos ocupamos, por lo tanto, del bienestar y la calidad de vida, una idea impregnada de la influencia que desde Oriente nos legaran las filosofías budista, taoísta e hinduista, una "nueva" actitud frente a la vida y las cosas:

Dejarse fluir

El concepto es sencillo de explicar, pero a veces, para nosotros los occidentales, muy difícil de practicar. Se trata en principio de aceptar la realidad interna y externa sin enojo, de tomar lo que es, sin oponerse a ello, renunciando por propia voluntad a exigirle al universo que sea como uno quiere o le conviene.

Hace cincuenta años el mundo "civilizado" recibía esta nueva bofetada a las clásicas conciencias de su limitado poder.

Nicolás Copérnico le había enseñado que la Tierra no era el centro del universo.

Charles Darwin, que el hombre no era la expresión perfecta de la creación.

Sigmund Freud, que ni siquiera tenía control de todos sus pensamientos.

Ahora le llegaba la idea, que ya sabía, de que intentar someter a su deseo cada cosa que pasaba a su alrededor no sólo era imposible sino que, además, implicaba un camino de desgaste irremediable. No podía tener la realidad bajo su control e intentarlo era recorrer una ruta de tensión infinita y un futuro inmediato de insatisfacción y de enfermedad.

Todo sucede como si el saber a ciencia cierta que no podemos tenerlo todo bajo control no impidiera que actuemos como si lo pretendiéramos. Día tras día nos enfrentamos con una realidad diferente de la que más nos gustaría, de la que teníamos prevista o de la que, según nuestra lógica, debía suceder.

Y no podemos negar que somos cómplices obligados de todo lo que ocurre, pero a pesar de ello, no podemos dominar cada alternativa de la realidad, cada causa y cada efecto de nuestro mundo cotidiano.

No podemos manejar la azarosa distribución de algunas desgracias,

ni la indeseada aparición de una enfermedad,

ni la dolorosa partida de los que queremos.

No podemos, y nos cuesta aceptarlo, controlar la conducta, el pensamiento o el sentimiento de los demás.

Y no deberíamos, salvo que estemos dispuestos a pagar un alto precio, pretender controlar siquiera cada una de nuestras propias reacciones, sentimientos o pensamientos.

La humanidad va acercándose, poco a poco, a la sabiduría de la aceptación:

la aceptación de la realidad, no como resignación, sino como pérdida de la urgencia;

no como decisión de dejar todo tal como está, sino como la conciencia de trabajar para el cambio desde la realidad que se plantea;

no como la imposible pretensión de controlar las propias emociones, sino como la sensata idea de poder decidir cómo actuar con esas emociones. La frustración es una parte importante de la vida y, por supuesto, es un aspecto sustancial en el motor de nuestro desarrollo y crecimiento. Pero aprender a lidiar con ella sin enojos nos permitirá vivir más relajados, vivir más y vivir mejor.

Aceptar que el mundo está inmerso en una evolución constante es estar en sintonía con este mundo y, por lo tanto, en sintonía con el cambio.

ACEPTACIÓN DE LA REALIDAD

no como resignación, sino como pérdida de la urgencia

no como decisión de dejar todo tal como está, sino como la conciencia de trabajar para el cambio

no como la pretensión de controlar las propias emociones, sino como la idea de poder decidir cómo actuar con esas emociones

Un mundo en el que, como suele decirse, lo único permanente es justamente el cambio y en el que aferrarnos a lo que fue es la garantía de una realidad penosa e ineficaz.

Aprender a fluir con lo que nos sucede, aceptar los cambios, dejar de analizarlo todo y renunciar al control sobre las cosas son condiciones imprescindibles para poder vivir el presente de esta realidad cotidiana en el mundo que nos toca.

El fluir está orientado al presente; el control, hacia el futuro y el pasado. Cuando nos dejamos ser, nos volvemos más creativos, más empáticos, más abiertos y más receptivos. Todo fluye más naturalmente si nos dejamos fluir con lo que sucede. Como decía la escritora y terapeuta gestáltica Barry Stevens: "No empujes el río, porque el río fluye solo".

La metáfora es clara y poderosa. Si decidiéramos preguntar cuál es la fuerza que propulsa el río inagotable del fluir de la vida, la respuesta sería evidente: la fuerza de nuestras emociones. Bloquear nuestro mundo emocional, frenar nuestros sentimientos, anular nuestra pasión o interés por cada cosa que existe a nuestro alrededor sería, siguiendo con la metáfora, como poner un dique de contención a un caudaloso río. Frenando el fluir del agua, ésta comenzaría a enrarecerse, el líquido antes cristalino y fresco perdería sus propiedades naturales hasta volverse tóxico y, seguramente, antes o después, terminaría por desbordar este dique, produciendo daños.

Y sin embargo... para que exista un río, es necesaria la fuerza natural del agua, pero también un cauce que imponga una dirección, una

contención, un sentido. Llevar una vida sana no consiste en liberar las emociones sin más. Las emociones, como un río caudaloso, deberían fluir encauzadas, y las acciones que de ellas resulten podrían así ser protegidas, cuidadas, constructivas y congruentes.

No se trata de "hacer lo que siento" sino de "elegir qué hacer con lo que siento". Aprender a reconocer y a aceptar nuestras emociones, darles nombre e identificar su origen, es por fuerza el primer paso para reflexionar sobre qué acción deberemos llevar a cabo para dar trascendencia a esa emoción; algo muy distinto a actuar siguiendo impulsos con el solo propósito de aliviar la tensión que nos genera su empuje.

Cuentan que, una vez, un emperador chino encargó a un renombrado artista la confección de un fresco para el salón principal de su palacio.

Cuando estuvo ante él, el emperador le dijo que deseaba una pintura que representara, con el mayor realismo posible, la lucha entre dos dragones, uno rojo y otro amarillo. Así representaba el monarca, según dijo, el furor de sus reales pasiones, la lucha entre la razón y el sentimiento.

El pintor aceptó el encargo y se retiró a la ermita en la que vivía para preparar la obra. Al cabo de un año, el pintor regresó y en pocos minutos pintó, con dos veloces trazos zigzagueantes, una línea roja y una amarilla, en la pared señalada.

Después recogió sus cosas y, anunciando a la guardia que había terminado, regresó a su taller.

Cuando el monarca fue avisado de que el mural estaba listo, bajó hasta el salón para ver la obra. Estupefacto, contempló los dos pobres trazos de color y, sintiéndose burlado, mandó que anunciaran al artista que no lo quería volver a ver por el palacio y que, por supuesto, no le pagaría ni una sola moneda por aquel trabajo.

Una noche, el emperador despertó de su sueño oyendo ruidos de una batalla que parecían provenir de la planta baja. Alarmado y sorprendido, salió de su cama y se dirigió al salón. Allí miró la pared en la que el pintor había plasmado su obra. Las líneas entrelazadas giraban en feroz disputa, parecían ciertamente dos dragones peleando. Un poco asustado, el emperador se vistió y se dirigió al lugar donde vivía el pintor. Quería una explicación de lo que había visto. Una vez allí, el artista mostró al soberano el secreto de su pintura. En las paredes de la caverna donde vivía estaban pintadas decenas de figuras de los dos dragones, retratados con todo detalle y perfección. Arriba y abajo, las figuras de los dragones se repetían, una y otra vez, simplificándose en los últimos dibujos hasta convertirse en sólo dos líneas, una roja y otra amarilla.

Había capturado con su pincel la esencia misma de las emociones en disputa, y éstas, encauzadas, se habían transformado en una obra de arte.

Te comparto una idea:

Imagina que existe en ti un interruptor que habilita o anula el intento de controlar lo que sucede.

No puede ser saludable vivir controlándolo todo, pero hoy te propongo desarrollar un único control que quizá podría darte acceso a una vida sana: te propongo que tengas total control sobre ese interruptor.

Desarrollarías en este camino la habilidad para juzgar con propiedad en qué situaciones y en qué circunstancias es necesario, conveniente y útil ponerlo en posición *on* y controlarse, y también reconocer más o menos rápidamente cuándo el control es inútil y enfermizo para proceder a desactivarlo.

Si decides acompañarme en este ejercicio te sugiero que mantengas el interruptor en *off* todo el tiempo que puedas. Incluso aconsejo que cuando sientas la primera tentación de activarlo no lo hagas de inmediato; cuando sientas que empiezas a enfadarte porque las cosas no están sucediendo como tú querrías, antes de tocar el interruptor, respira profundo, toma un poco de distancia de los hechos y date un tiempo. Y si después de la pausa impuesta sigues pensando que lo mejor será que controles, activa el botón por el menor tiempo posible.

Esta habilidad, como cualquier otra, se obtiene con la práctica, así que entrénate y no te sorprendas ni te reproches nada a ti mismo si al principio te parece imposible o si no lo consigues hacer en cada momento. Querer hacerlo bien desde el principio es, como ya te habrás dado cuenta, parte de tu necesidad de tenerlo todo bajo control. En todo caso, y mientras no lo consigas, ríete de ti y de tus fallidos intentos de transformarte en un monje zen.

Si decides desarrollar este absoluto control (exclusivo sobre el *on-off* del botón de control), intenta trabajar en estos tres desafíos:

DESARROLLO DEL CONTROL DEL *ON/OFF* DEL BOTÓN DE CONTROL

DESAFÍO I

Ocúpate con devoción de transitar cada día más espacios, más relaciones y más situaciones en las que el control sea absolutamente innecesario.

DESAFÍO II

Construye vínculos en los cuales defenderte o estar alerta no sea parte del trato.

DESAFÍO III

Moldéate una vida en la cual la sorpresa sea siempre más atractiva que la confirmación de los hechos previstos.

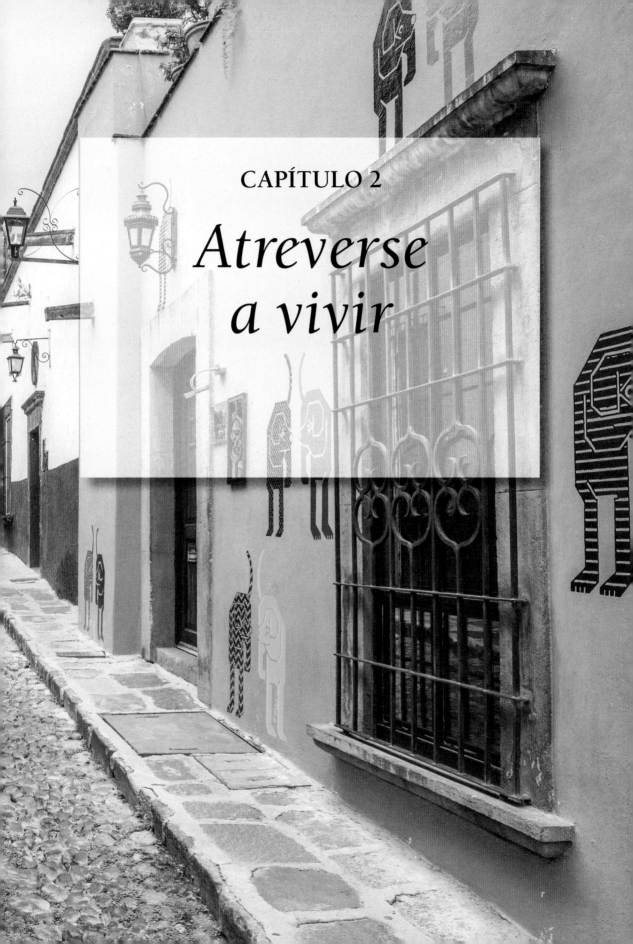

CAPÍTULO 2

Atreverse a vivir

Vivir las emociones

Somos esencialmente nuestra capacidad de sentir y emocionarnos. Por ello deberíamos privilegiar nuestro aspecto sensitivo por encima de nuestro lado racional

Muchas son las teorías, los pensadores y las religiones que, junto con miles de científicos, han intentado, a lo largo del tiempo, definir de forma contundente "la esencia de lo humano", es decir, qué características confieren al ser humano su "humanidad".

Es indudable la ventaja de nuestra raza respecto de otros seres vivos en cuanto al nivel de inteligencia abstracta, pero, para la mayoría de los analistas en conducta comparada, la clave de nuestro desarrollo no pasa por allí.

Quizá radique en nuestra capacidad comunicativa, como sugiere el biólogo y epistemólogo chileno Humberto Maturana. O quizá sea nuestra relación con lo divino, como señalan los textos sagrados.

A mí me gusta pensar que nuestra capacidad de reír y de llorar deberá incluirse en la lista de los determinantes de lo humano que han desempeñado en nuestra humanización un rol primordial. Somos humanos seguramente porque sabemos y podemos identificar nuestras emociones, las más primitivas y las más complejas y hasta cierto punto somos capaces de adueñarnos de ellas, dejándolas salir o no.

Aun partiendo de la idea de que esto ultimo es indiscutible, las emociones pueden definirse y han sido definidas de muchas maneras, sesgando las conclusiones de los que las estudian:

- Como una simple reacción a un estímulo, vinculada, para muchos neurobiólogos, a un sofisticado intercambio de mediadores químicos entre neuronas.
- Como un mecanismo de alerta, diseñado por la naturaleza y la evolución, para que prestemos atención a lo que verdaderamente nos importa.
- Como el complejo resultado de la influencia en el adentro de muchos factores del afuera, sumados a algunos hechos de nuestra historia, incluyendo, aquí, los condicionamientos de nuestra educación y de nuestras vivencias.
- Y como la expresión vivencial de una carga energética que nos prepara para una determinada acción (de hecho, la etimología de la palabra emoción nos remonta a una etapa previa del movimiento, la de alistarse y poner en marcha la conducta-respuesta).

Las más importantes y trascendentes experiencias de mi vida personal y profesional podrían comprenderse mejor desde este análisis emotivo de los hechos.

A lo largo de estos años, demasiadas veces me han preguntado cuál de mis libros es el que más me gusta o el que más quiero. Y yo contesto —y es verdad— que un autor que sigue su inspiración y que nunca trabaja por encargo, ama TODOS sus libros; aunque sospecho, digo siempre que hay dos obras que un escritor cualquiera, con éxito o sin él, suele preferir por encima del resto: el primer libro y el último.

El primero, por la emoción que significa tener entre las manos, al fin, algo propio en letra impresa. Ver frente a ti el resultado tangible de un incierto proyecto o un sueño que siempre creímos con pocas probabilidades de hacerse realidad, es muy movilizador.

El último, porque supone la concreción de aquello que hemos investigado, aprendido o vivido en la última época y, por lo tanto, la obra que mejor refleja lo que somos, o, más precisamente, lo que venimos siendo.

Recuerdo aquella excitación que me invadió al recibir en mi casa, en Buenos Aires, junto a mi familia, hace más de treinta años, aquella primera edición de *Cartas para Claudia*.

¿Cómo olvidarlo? Aquellos 750 ejemplares, híbridos de libro y gacetilla escolar, con esas hojas mecanografiadas en una vieja máquina Olivetti, fotocopiadas en la imprenta de "a la vuelta de la esquina" y pegadas espantosa y desprolijamente dentro de aquella cubierta de cartulina rosa rabioso con desteñidas y gruesas letras negras… Quizá fuera estéticamente deplorable, pero yo adoraba ese libro…

No había sido mi primera decisión editarlo tan precariamente... Antes había visitado las tres editoriales que imprimían y vendían textos relacionados con la educación, la medicina y la conducta, llevando otras tantas copias del texto original, enganchadas con grapas. Las reacciones de las personas que visité con aquel proyecto fueron diferentes.

La primera ni siquiera quiso recibir el texto.

La segunda lo recibió y me acordó una cita con el editor en jefe. Me presenté temblando frente a ese hombre pequeño, de ojos escondidos detrás de sus gruesas gafas, que me miró y me dijo en actitud muy porteña:

—Mirá, pibe (entonces yo tenía 32 años), hay dos cosas que en Argentina no se venden: libros de psicología y libros de poesía. Si querés vender un libro alguna vez, escribí sobre otra cosa.

Años después, me enteré de que él, pobre, escribía poesía y de que sus libros estaban descatalogados tras haberse vendido muy poco.

La tercera persona fue la que más me perturbó: era la jefa editorial de una empresa bastante prestigiosa en el ambiente de la literatura de no ficción en Argentina. Ella me recibió y hojeó el libro sin demasiado interés. Después se rio un poco y, mientras me devolvía el texto, me preguntó si "sinceramente yo pensaba que esto le podía interesar a alguien":

—No lo sé —contesté.

Le expliqué que me había decidido a intentarlo, empujado justamente por mis pacientes, que creían que no sólo les había servido a ellos sino que lo habían compartido y que...

La mujer se rio un poco más y me contó, muy divertida, algunos de los proyectos de libro que le llegaban cada día. Venían siempre en manos de aquellos que creían que sus libros eran imprescindibles para la humanidad y que sus familias les habían confirmado su genialidad y...

Sentí que era inútil explicarle que no me sentía en ese grupo; de hecho, yo también dudaba de que a alguien más le pudiera interesar lo que alguna vez escribí para mis pacientes.

Aprendí mucho en esas entrevistas:

Aprendí que no todo el mundo tiene tiempo y deseo de saber lo que uno hace; aprendí que las propias frustraciones deterioran la capacidad de análisis de las cosas de los demás; aprendí que los prejuicios de los poderosos pueden impedir el despertar de otros, y aprendí a calmar mis ansiedades y darle a las cosas el tiempo que necesitan...

Pero esos aprendizajes no me ayudaron a llegar al día de hoy, con más de veinte libros publicados en varios idiomas y países. Me ayudó el registro de todas las emociones, todas, agradables y no tanto, de aquella época.

Desde entonces muchas cosas han pasado, que de alguna manera se gestaron y dispararon por aquellas experiencias y frustraciones.

En estos años que abarcan toda mi vida adulta la vida me ha ido premiando, exageradamente quizá. Mucha trascendencia, mucho reconocimiento, mucha realización en lo laboral, muchos cambios en mi forma de ver y de intervenir terapéuticamente. Demasiados cambios, así todos muy halagadores. Muchas experiencias demasiado movilizadoras, de todos los colores, que terminaron abriendo la puerta a mi siguiente libro, siempre resultado de las experiencias de mi propio camino.

En el caso de *Llegar a la cima y seguir subiendo*, todo empezó más claramente que nunca con la fuerza de una experiencia emotiva. Una extraña y maravillosa sensación de elevación que no buscaba, pero que me encontró en México, subiendo el monte Tepozteco, en la búsqueda del primitivo templo construido en su ladera.

Ésta fue una experiencia tan emocionante como sorprendente, muy parecida a la que seis meses después viví mientras visitaba el Santo Sepulcro, en Jerusalén.

Emociones que me alertaban de un fenómeno que no podía explicar; emociones que respondían por sí mismas a la experiencia que estaba viviendo; emociones, a ratos contradictorias, similares u opuestas a las que yo mismo hubiera esperado de mí o de otro; emociones, al fin, que me anclaban a la conciencia de lo importante que era, para mi presente y mi futuro, lo que estaba sucediendo dentro y fuera de mí.

¿Por qué no comenzar a jerarquizar el valor del conocimiento sensible del mundo?

No sólo a nivel de los sentidos sino también desde el darse cuenta, una experiencia íntimamente ligada a esto último, es decir, a lo vivencial, a lo emocional, a lo intuitivo y a lo experiencial. Quizá, después de hacerlo, concluyamos que somos esencialmente nuestra capacidad de sentir y emocionarnos, y nos animemos a darle a nuestro aspecto más sensible cierto privilegio.

Pocas cosas han sido tan significativas en mi adolescencia como la llegada a mis manos del libro *El Principito*. Cada página, cada dibujo, cada

incidente y cada diálogo entre los personajes configuran un mapa del mundo espiritual y sensible de los protagonistas, del mundo mágico del autor del libro y del mundo emocional del lector.

Supongo que es imposible para mí llegar a este punto hablando de sentimientos, evocar el libro de Antoine de Saint-Exupéry y no recordar vivazmente la despedida entre el zorro y el Principito.

Así el Principito domesticó al zorro.

Y cuando se acercó la hora de la partida:

—¡Ah!... —dijo el zorro—. Voy a llorar.

—Tuya es la culpa —dijo el Principito—. No deseaba hacerte mal, pero quisiste que te domesticara...

—Sí —dijo el zorro.

—¡Pero vas a llorar! —dijo el Principito.

—Sí —dijo el zorro.

—Entonces, no ganas nada.

—Gano —dijo el zorro—. ¿Ves, allá, los campos de trigo? Yo no como pan. Para mí el trigo es inútil. Los campos de trigo no me recuerdan nada. ¡Es bien triste! Pero tú... Tú tienes cabellos color de oro, y desde ahora el trigo dorado será siempre un recuerdo de ti. Y amaré eternamente el ruido del viento en el trigo.

—Adiós —dijo el Principito.

—Adiós —dijo el zorro—. Te contaré un secreto. Es muy simple: No se ve bien sino con el corazón, porque lo esencial es invisible a los ojos.

—Lo esencial es invisible a los ojos —repitió el Principito a fin de recordarlo.

Lo esencial, agrego yo, es entrenarnos para ver la vida no sólo, pero también, con los ojos del corazón. Conectar con las propias emociones y actuar en consecuencia con ellas. Posiblemente nos expongamos a sufrir un poco más, pero estaremos abriéndonos, a cambio, a la posibilidad de disfrutar verdaderamente de una vida de lo más real.

Sanar las heridas
del niño interior

Hace dos años, mientras asistía con unos amigos a una misa que celebraba mi amigo el sacerdote Enrique Ponce, todos nos emocionamos al escuchar de su boca el relato de *El perro herido*. En ese momento, tuve claro que debía incluir ese cuento en el libro que escribía sobre vínculos humanos.

Hoy, con el libro ya editado, aparece en el prólogo esta vivencia y el relato en mis palabras, de aquella historia:

En una ciudad cualquiera,
en un tiempo cualquiera,
en una calle cualquiera,
un perrito callejero es atropellado.
El pobre animal queda tendido en la acera.

Dos amigos que pasan por allí caminando y que no han llegado a presenciar el accidente, ven el perro herido, jadeando con angustia.

Uno de ellos se acerca al animal y trata de levantarlo para llevarlo hasta un veterinario. Al intentar pasar una mano debajo de su cuerpo, el perro gruñe y muestra los dientes. Cuando el muchacho lo vuelve a intentar, el perro lo muerde.

El joven lo suelta y, mirándose la herida, se queja con su amigo:

—Perro desagradecido… Lo quiero ayudar y encima me muerde.

El otro palmea la espalda de su amigo tratando de calmarlo:

—No te enfades —le dice, mientras intenta limpiarle la pequeña herida con su pañuelo—. No ha intentado morderte por maldad ni por falta de gratitud… Él gruñe y muerde porque está herido.

Los psicólogos y los terapeutas de todas las líneas y escuelas sabemos, desde hace mucho, que la totalidad de nuestras actitudes neuróticas, incomprensibles, dañinas o autodestructivas, tienen su origen en heridas de otro tiempo: traumas, golpes, abandonos y vejaciones de las cuales fuimos víctimas cuando todavía no podíamos defendernos, cuando ni siquiera podíamos terminar de comprender lo que nos estaba pasando.

El dolor del pasado

Desde donde sea que se guarden esos traumas —en el inconsciente inaccesible de la ortodoxia psicoanalítica, en la historia negada de los psicoterapeutas constructivistas, en la memoria corporal de los holistas o, como pensamos muchos, en el niño o niña que fuimos y sigue vivo en nosotros—, desde allí, digo, el dolor ligado a nuestro pasado influye, condiciona y perturba nuestro presente, ciñendo nuestro potencial y jugando en contra de nuestros mejores proyectos.

Genialmente, John Bradshaw (para mí el más didáctico de los terapeutas contemporáneos), llamó a estos aspectos el niño herido interior.

Muy frecuentemente, ese niño interior sufre el no haber superado las consecuencias de una deficiente actuación de su padre o madre, o la falta de herramientas de su entorno para contener situaciones difíciles, como son, por ejemplo, la muerte de una figura importante o una debacle socioeconómica familiar.

Por lo general, no se trata solamente de alguna frustración o hecho doloroso, pues la vida de todos las incluye y las incluirá.

Se trata, más bien, de la represión —consciente o no; por mandato o por imitación— de los sentimientos ligados a esos episodios.

Si un niño no aprende a dejarse sentir y a expresar, especialmente por miedo a ser rechazado, terminará irremediablemente desconectado, asustado y distante de todo y de todos. El niño herido siente, cree, sabe o recuerda la amenaza de no ser amado si hacía eso o aquello o si dejaba de hacer eso otro.

En el esquema clásico de la "explicación" de la conducta neurótica, la fantasía del desamor o del abandono crea un vacío que se intenta llenar con actitudes inadecuadas, con repetición de conductas, con el intento de manipulación de los demás, y hasta con adicciones y otras conductas de autodestrucción (depresión, aislamiento, autoboicot…). Como en el cuento, reaccionamos al dolor y la impotencia con respuestas agresivas y hostiles hacia todo y hacia todos.

Nuestro niño interior representa la parte más vital y espontánea de quienes somos en esencia. Sus dolores son los nuestros y su desamparo, nuestra desesperación. Sanarlo es sanar nuestro pasado y, por lo tanto, "curar" nuestra existencia presente y futura.

Sentir las emociones

No se trata de "re-educar" al niño interior sino de dejarlo ser. Es un descubrimiento (des-cubrimiento) de nuestras esencias y habilidades olvidadas. Muchas veces sentimos rechazo por estos aspectos reprimidos y tenemos miedo de que el dolor nos invada, de que nos paralice o de que nos destruya. Pero es necesario darse cuenta de que nada de eso sucederá. Ésa es una idea exagerada de nuestra vulnerabilidad o fragilidad, que, en realidad, es el desamparo de un niño que se siente solo y lastimado.

A fin de establecer contacto con nuestro niño interior, es en muchas ocasiones imprescindible volver atrás y permitirnos sentir aquellas emociones bloqueadas, que son las que nos encarcelan en una determinada "personalidad" socialmente correcta y aceptada, pero ausente de espontaneidad y frescura.

> No son los traumas que padecemos en la infancia los que nos enferman emocionalmente sino nuestra incapacidad para expresarlos. Aquellas defensas que alguna vez, quizá ciertamente, nos ayudaron a sobrevivir a determinadas situaciones, son hoy obstáculos para nuestro crecimiento definitivo.

Nuestra sociedad repudia un poco al niño espontáneo y expresivo que llevamos dentro. El mundo "exitista" deplora nuestros aspectos más vulnerables y sensibleros, pero debemos comprender que éstos forman parte sustancial de lo que somos y es imprescindible defenderlos. Puede ser que no podamos dejarlos salir todo el tiempo y frente a cualquiera, pero ¿por qué no crear cada vez más entornos donde podamos ser nosotros sin frenos?

Y ya que estamos… ¿por qué no empezar "por casa", con el vínculo interno entre nuestro adulto y nuestro niño herido?

Reconocer al niño interior

Los cinco principios básicos para hacerse cargo de nuestro niño interior son muy sencillos y efectivos cuando los ponemos en práctica honestamente, con continuidad y con apertura:

1. La idea principal es volver a conectar con ese niñito que generalmente se siente solo y abandonado para que nos diga qué necesita, para ayudarlo a expresarse, para validarlo, para que confíe en sus emociones y en sí mismo. De esa forma, empezaremos a confiar en nosotros mismos.

2. Nuestro adulto interior, la parte más sana y crecida que podemos encontrar en nosotros, debe reconocer el aspecto infantil y herido del niño que nos habita y aceptarlo tal como es.

3. Debemos aprender a tratar al niño interior con un amor incondicional y mostrar una actitud tan permisiva que le permita sentirse libre para expresar sinceramente sus sentimientos.

4. Debemos respetar la forma en la que el niño herido pretende enfrentar sus problemas. Aceptar que quizás él o ella saben, más que nosotros, cómo afrontar la situación y qué es lo que hay que cambiar. No se trata de dirigir las acciones sino de ser el continente que el niño necesita para poder encarar su desafío. Él decide el rumbo y el adulto lo sostiene.

5. El adulto interno debe resistir sus urgencias y no forzar al niño lastimado a que solucione sus cosas inmediatamente, ni a que deje de llorar ni, mucho menos, a que sea feliz ahora, ya que todo eso es la consecuencia de una secuencia de vivencias y acciones y no un punto de referencia.

Cuidar de nuestro niño interior es más que reconocer su presencia. Se trata de saber de sus necesidades y de sus reacciones frente al dolor, es amarlo y hacerse cargo de su indefensión. Mientras no lo escuchemos, seguirá reaccionando y empeorando nuestra manera de ser en el mundo, especialmente en los afectos.

El niño interior es un niño y como tal reclama nuestra atención y cuidados como puede. Si nos decidimos a dedicarle el tiempo, la atención y los cuidados que se merece, seguramente se volverá mas adecuado y creativo. Es por eso que las personas que se sienten validadas en su sufrimiento, pueden expresar su dolor y atravesarlo. Aparece entonces la alegría, la sensibilidad y la entrega.

El encuentro de las almas

Cuando podemos llevar adelante estos pasos, nos relacionamos saludablemente con ese niño vulnerable y le permitimos salir a la superficie, descubrimos, a veces con sorpresa, que por este camino podemos establecer verdaderos contactos íntimos con los demás, porque, nos guste o no, **la vulnerabilidad y entrega del niño interior es lo que posibilita el verdadero encuentro de las almas**, como me enseñó a llamarlo mi colega la licenciada Salinas, **el pasaporte a la construcción de vínculos trascendentes, el placer del compartir con otro un espacio de verdadera intimidad.**

Conscientes y sin prisas

Solamente caminando sin prisas, soy capaz de disfrutar de lo que hago y casi siempre sin siquiera proponérmelo, el resultado suele ser más y mejor.

La situación actual, la crisis, nuestra inseguridad y muchos condicionamientos determinan que casi todos actuemos como si hubiésemos perdido de vista la necesidad de tomarnos, aunque sólo sea de vez en cuando, un poco de tiempo para hacer una pausa en el trajín de una existencia demasiado agitada que la mayoría de nosotros decimos no haber elegido.

Y aun sabiendo de nuestra necesidad de hacerlo, todo se interpone en el camino de lograrlo. Se nos ha enseñado, hemos aprendido y creemos a pie juntillas que la tan ansiada serenidad solamente se puede conquistar por la vía de haber cumplido antes con los objetivos impuestos indiscriminadamente por la sociedad en la que vivimos: poder, éxito, dinero y posesiones materiales.

Para completar el engaño, allí están los aplausos y las felicitaciones de aquellos que, tan perdidos como nosotros, envidian vernos en el lugar que ellos desearían ocupar, como para terminar de confirmar que estamos en el camino correcto.

Pero ni el placer narcisista de la aprobación ajena, ni el vanidoso goce de ver el objetivo cumplido duran más que un instante. Ciertamente, por rápido que lleguemos, apenas cruzamos la tan deseada meta, ese tipo de satisfacción basada en resultados nos obliga a diseñar un nuevo objetivo, a encontrar una nueva zanahoria, a hacernos una nueva promesa para el futuro… aquello que supuestamente nos dará, una vez superada, la tranquilidad del alma.

En mi concepto de búsqueda de un espacio para cultivar una deseable reconciliación con la espiritualidad, propongo el provocativo planteamiento de que, incluso en la búsqueda de velocidad y resultados positivos, la mejor estrategia es la de comprometerse con lo que se está haciendo y centrarse en ello, aunque eso en un primer momento ralentice nuestra marcha.

Por eso suelo contar que, como parte de la investigación del camino hacia lo espiritual y mucho por mi propio deseo de volver a la mágica Jerusalén, llegué a la antigua y amurallada ciudad, que alberga tres de los lugares más significativos de las grandes religiones nacidas en Oriente Medio: el Muro de las Lamentaciones (lo que queda del glorioso Templo Judío de Jerusalén), la mezquita de Al-Aqsa (construida alrededor de la piedra desde la cual Mahoma subió al cielo) y, por supuesto, la iglesia del Santo Sepulcro (donde está la tumba en la que Jesús fue enterrado y el lugar en el que, según los evangelios, volvió a la vida).

Enmarcando estos sagrados lugares, se encuentra el Shuk, un enorme mercado callejero, mezcla de bazar y mercado de pulgas, donde se puede encontrar casi cualquier cosa.

La forma de comercio allí es, obligatoriamente, el regateo. Sería una ofensa comprar algo sin discutir durante largo rato el importe que se nos pide.

En esta actitud tan poco espiritual estaba con un par de amigos, regateando el precio de un corte de tela bordada con el que una amiga española quería hacerse una falda. Muy divertidos, el vendedor discutía con nosotros el precio que finalmente pagaríamos por la tela. Durante casi media hora, habíamos logrado, en el pobre inglés de todos, bajar su precio original de 1,800 mientras que él había conseguido subir el nuestro de 150 a 300. De repente, un joven árabe entró en el local trayendo una bandeja con café.

El vendedor, sin decir una palabra, giró sobre sí mismo —dejándonos a los cuatro en medio de la tienda—, se sentó junto al mostrador y, muy serenamente, comenzó a beber a pequeños sorbos su café. Nosotros,

occidentales, no entendíamos nada. Después de unos minutos, me acerqué a preguntarle al vendedor si no iba a seguir atendiéndonos.

Él, ahora en un envidiable inglés, me dijo:

—Mire, mi amigo, ahora es el momento de tomar café, y yo, cuando tomo café, no vendo, tomo café… De todas formas, me daría mucho placer invitarles a un café, si quieren…

Por supuesto, aceptamos y, al poco rato, los cinco nos ocupamos de disfrutar el excelente y espeso café. Cuando terminamos de beber, él se puso de pie y con toda naturalidad nos dijo:

—Doscientos cincuenta… y es mi último precio.

Nosotros, en Madrid, en Buenos Aires o en México, seguramente habríamos tratado de rematar la venta lo antes posible, habríamos terminado maltratando al cliente, y por cierto, nos habríamos tomado el café frío.

La vida siempre acaba confirmándonos que, al final, terminamos haciendo más cosas cuando menos prisa tenemos al hacerlas y cuando menos permitimos que nos distraiga el acoso de lo que tiene que hacerse después. En lo personal, me anima a caminar más despacio la doble sorpresa de que solamente sin correr soy capaz de disfrutar de lo que hago y, además —o quizá por eso mismo—, el resultado suele ser subjetiva y objetivamente, más y mejor.

Lo contrario no conecta con lo que ya muchas veces hemos hablado en éste y en otros libros: el estrés, llamado últimamente "la enfermedad de la prisa" o, en palabras del doctor Larry Dossey, "la enfermedad del tiempo". Una enfermedad tan grave que puede causar la muerte, especialmente en las grandes urbes de los países que más exigentes son con el éxito, como Japón.

Esta patología está tan difundida que, en sus aspectos más benignos, aunque igualmente crónicos —como la ansiedad, la inquietud, la inestabilidad emocional o los miedos cotidianos—, son tomados con demasiada ligereza, como la consecuencia natural de vivir en el mundo moderno.

Acostumbrados a huir de la angustia de sentirnos vacíos, corremos hacia lo mismo que tememos, llenándonos de cosas que no nos satisfacen y ocupando todos los silencios con palabras, aunque no tengan ningún significado, espantando la quietud con movimiento.

No soportamos la idea de no hacer nada, con esa incómoda sensación de insatisfacción, sin darnos cuenta de que es por ese camino como podremos sanarnos. ¿Cómo podríamos llegar a todo lo que tenemos que hacer —el trabajo, la casa, la lectura, los amigos, la familia, los trámites…— si no lo hacemos a toda prisa? Y, sobre todo, ¿cómo no enloquecer en el intento de hacerlo todo bien? Estamos atrapados en un desafío imposible que, sinceramente, no puede vencerse haciendo más rápidamente las muchas cosas que una persona debe hacer en un día, sino dándose el tiempo para llevarlas a cabo, aunque algunas queden sin hacer.

Lo más grave del modelo que se nos impone es que nos vuelve más y más ineficaces, a pesar de sostener que pretende lo contrario.

La dichosa excelencia se lleva de un plumazo aquellos pequeños e importantísimos momentos de placer consagrados antaño al encuentro con los amigos, al ocio y al mero placer de la conversación; reemplazándolos en todo caso por el siniestro y fugaz goce de la descarga de adrenalina y la ya mencionada reverencia al aplauso de los que me quieren sólo si triunfo.

> En el camino de conquistar una mejor calidad de vida, se vuelve imprescindible aprender a concederse y a valorar algunos tiempos de no hacer nada, especialmente si aprendemos a pensarlo de la manera correcta.

Como terapeuta sé que alejarse de una situación o retirarse definitivamente de un problema es escapismo, pero hacerlo por un momento y consciente de regresar a encararlo no tiene nada de eso: se llama descanso y recarga de energía interna.

Con el tiempo, uno descubre que siempre puede encontrarse con estos espacios y que también puede programarlos con asiduidad.

No solamente a través de la meditación o el aislamiento como disciplina y forma de vida, sino también y sobre todo aprendiendo, por ejemplo, a no programar citas durante un determinado espacio de tiempo —unas horas, una tarde, un día, un fin de semana… Animándonos (¿por qué no?) a desconectar el teléfono por un rato, convenciéndonos, de paso, de que el mundo —se los aseguro— puede sobrevivir si no estamos disponibles durante un par de horas o durante un par de días…

Si se parecen a mí y a la mayoría de sus vecinos, es más que probable que, al principio, se sientan un poco culpables, ansiosos o inquietos, o todo esto junto… Posiblemente, si decidimos explorar cómo es esto de no hacer nada por una hora, nos perderemos los primeros minutos reprochándonos que "estamos perdiendo el tiempo con todo lo que tenemos pendiente". Y, atención, no se trata de no asumir la responsabilidad, ni de dejar de ocuparse de lo nuestro; se trata de hacer las cosas a su tiempo y al ritmo que nuestra propia persona nos imponga, aquel que nos permita, como hemos dicho, dar lo mejor de nosotros mismos.

Concluyo con aquella famosa frase atribuida a tantos personajes famosos de la historia, también a Napoleón, quien supuestamente le ordenó alguna vez a su sirviente:

—¡Vísteme despacio, que tengo prisa!

La mirada de la intimidad

Hace unos años viajé por una semana a la herida y doliente Venezuela. Fui invitado a un gran encuentro de dos días con el público de Caracas interesado en el tema del crecimiento personal y el desarrollo espiritual. Hombres y mujeres que día a día apuestan y luchan por un futuro mejor.

Al final del segundo día, el tema derivó hacia la pareja y, especialmente, hacia la importancia y la necesidad de una comunicación continua, honesta y permanente si se pretende disfrutar de una verdadera relación íntima con otra persona.

Explicaba yo mi teoría de los tres niveles de profundidad y compromiso en una relación.

El primero, el de las relaciones cotidianas, el de los vínculos nada especiales, el de "los mejores quinientos amigos del club", el de aquellos que verdaderamente nos importan poco o menos, la veracidad o no de lo que decimos y contamos, de lo que hablamos y de lo que callamos, es de nuestra exclusiva elección. En estos vínculos comunes, cada cual decide si dice la verdad, si miente o si oculta, porque no se da por hecho que debamos decir siempre la verdad y toda la verdad (como dice mi amigo Eduardo, a veces hay que diferenciar sinceridad de sinceridicio).

Si la relación se hace especial, si la unión entre nosotros se vuelve más comprometida, si nuestro vínculo se profundiza, iremos viendo cómo la mentira deja de ser una elección posible.

A estas relaciones del segundo nivel de profundidad, las llamo de intimidad, y las buenas parejas son, en todo caso, el mejor de los ejemplos.

Cuando hablamos, cuando te cuento, cuando me preguntas, puedo elegir decirte la verdad u ocultarte algo, pero no vale mentir, por lo menos si quiero cuidar esa intimidad a la que seguramente apostamos un día.

Pero ¿cómo? ¿Acaso ocultar no es lo mismo que mentir? Claro que no.

En una relación íntima de este calibre puede haber cosas que ignoro, pero puedo estar seguro y confiar en que lo que tú me dices es la pura verdad o, por lo menos, tu verdad.

Decía yo, esa noche, que hay también un tercer nivel de vínculo, el de los amigos del alma.

Un lugar muy poco concurrido, reservado a aquellos a los que no sólo no puedo mentir, sino que, además, no deseo ocultar nada.

Frente a ellos, mi vida carece de secretos y no hay nada que sea tan doloroso o desagradable como para empujarme a mentir o a ocultar, porque si lo hiciera, aunque sea como excepción, mi vínculo cambiaría de plano.

Obviamente, cuando hablo de decir la verdad o de mentir, no me refiero sólo a lo que se dice con palabras.

Se dice mucho con un silencio, se oculta mucho con un gesto, se miente mucho con una sonrisa.

Me gusta mucho esa poética afirmación de Antonio Porchia, cuando dice de un amigo: "Él puede comprenderlo todo… hasta lo que digo con palabras".

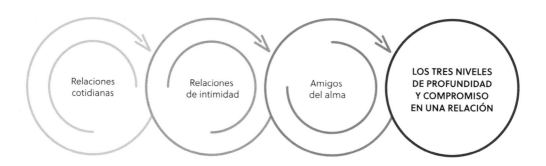

Relaciones cotidianas

Relaciones de intimidad

Amigos del alma

LOS TRES NIVELES DE PROFUNDIDAD Y COMPROMISO EN UNA RELACIÓN

Y en esta explicación me detuve por unos minutos en el valor y la importancia de la mirada que tiene, por supuesto, su peso y sus códigos. Se trata de un lenguaje sin palabras, que casi todos pueden comprender.

Miramos una pintura y podemos leer en la mirada del retratado su irritación o su dureza, su miedo o su dolor, su ternura o su agresividad.

Aprendemos sin que nadie nos enseñe lo que es una mirada cómplice, una mirada seductora, una mirada insinuante, una mirada intimidante.

Hay miradas amigables, abiertas, enigmáticas, hostiles y sensuales; hay miradas misteriosas, miradas francas y miradas profundas, hay miradas inolvidables y, también, miradas ausentes.

Estábamos hablando de miradas y silencios, cuando pidió subir al escenario mi colega y amigo venezolano Carlos Fraga.

Carlos es un excelente terapeuta de parejas y un gran orador, muy famoso en Venezuela y en muchos países de América.

Tiene editados más de una decena de libros de superación personal, otros tantos audiolibros y ha publicado centenares de artículos en periódicos y revistas de las que es colaborador habitual.

Dirige, además, sus propios espacios de radio y televisión, y hasta se anima a escribir y actuar en una pequeña producción teatral que habla claro de sus temas favoritos: el amor y la pareja.

Una vez en el escenario, pidió permiso para leer frente a todos un artículo que había escrito sobre la muerte de su perro Zeus.

Por supuesto, me interesaba escucharlo (Carlos escribe muy bien) y también me intrigaba la conexión con el tema en cuestión. Cuando terminamos, me acerqué a Carlos para preguntarle si quería compartir aquel relato con los lectores de mis libros, y él, generosamente, aceptó la propuesta complacido.

Comparto contigo, pues, la historia que Carlos contó aquella tarde en Caracas:

Ya han pasado nueve años desde la muerte de Zeus. Era un bóxer maravilloso y sano, pero a sus catorce años la senilidad, casi de golpe, comenzó a adueñarse de su cuerpo.

Zeus fue mi compañero, mi amigo, mi guardián y, como todo buen amor, también uno de mis dolores de cabeza.

Zeus vivía como su nombre determinaba, mandando en su vida... y en la mía (tenía esa magia que poseen algunos de los que amamos para manipularnos hasta salirse, casi siempre, con la suya).

Mi buen perro y yo éramos uno; cuando me veían por la calle, me identificaban como el dueño de Zeus, y cuando lo veían a él, lo identificaban como el perro de Carlos.

Con sus músculos, mejor dotados que los míos, era claro al vernos quién llevaba a pasear a quién.

Para los dos era difícil separarnos.

Cuando alguien me invitaba a alguna cena o fiesta, yo preguntaba siempre lo mismo: "¿Hay un sitio donde dejar el coche, seguro y ventilado?".

La respuesta determinaba si podríamos ir o no, ya que en las salidas yo lo dejaba subir al asiento trasero de mi Ford Sierra rojo, que se convertía de inmediato, por su presencia, en uno de los más seguros vehículos.

Cada vez que me veía vestirme en la noche, él asumía siempre que estaba también invitado, y movía sin parar su diminuto rabo.

Cuando llegaba al lugar de la cita, estacionaba el coche y le daba una última palmada con la frase que ya los dos conocíamos: "Cuida el auto, Zeus. Vengo en un rato y nos vamos a caminar. Cualquier cosa, muestras tus dientes".

Y él me miraba con esa mirada que yo también comprendía, como diciéndome: "Ve tranquilo... pero no tardes", y luego se echaba de largo a largo en el asiento hasta mi regreso.

Con el tiempo, le comenzaron a fallar las patas y empezó a tropezar y caerse con frecuencia.

Su médico era un veterinario de gran sensibilidad y experiencia. Con mucha claridad me dijo en tono cálido: "Ya está muy viejito... por donde lo revisemos vamos a encontrar algo. Pero, míralo, en su mirada hay todavía mucha vida. *Vamos a aliviarle los dolores, hasta que sea su momento de partir. Tú que lo amas, mantente atento a su mirada y, poco a poco, lo vamos llevando. Si te mantienes en conexión con él, un día verás en sus ojos que no puede seguir. Ese día, haremos lo que haya que hacer".*

Yo lloraba desconsoladamente mientras Zeus me lamía, como cada vez que lloré en su presencia, tratando de consolarme.

Pasaron tres meses, diferentes, llenos de un amor intenso, de menos salidas y más intimidad, de menos juego y más silencio compartido.

Una noche, sin ninguna razón especial, sin ningún aviso, Zeus tuvo un episodio de pérdida de control de esfínteres.

Me pareció verlo angustiado y me acerqué para hacerle saber que no tenía ninguna importancia.

Yo lo limpiaría todo y allí no habría pasado nada.

Pero cuando me acerqué, me encontré con su mirada.

Una mirada que nunca le había conocido, una mirada que decía con toda claridad:

"Carlos, ¡no puedo más!"

Enseguida lo cargué en el coche y lo llevé al veterinario.

El viejo sabio, al verme la cara, no precisó hacerle un reconocimiento al perro.

Se dio cuenta rápidamente de lo que estaba pasando.

Me tomó del hombro y me dijo: "Lo siento mucho, sé lo que se siente".

Unos minutos más tarde, mi amigo dejaba para siempre su cuerpo y se quedaba también para siempre en mi corazón.

Aprendí mucho de mi Zeus, lo más importante: el valor de leer una mirada, de detenerse en los ojos de los que amamos, hasta para oír lo que no queremos.

Ahora mientras transcribía su texto, como me pasó cuando lo escuché por primera vez, no pude dejar de pensar en mi propio perro.

También mi collie y yo nos entendíamos con la mirada, también él y yo sabíamos que entre nosotros fluía una química muy especial, bastante diferente de la que lo vinculaba con los otros miembros de la familia.

Sólo un comentario más...

En algunas capitales del mundo, se han abierto restaurantes que nos proponen prescindir del sentido de la vista durante la comida.

Cuando llegas, te explican la experiencia.

En un ambiente absolutamente oscuro, meseros y meseras invidentes te sirven los alimentos para que comas sin utilizar tus ojos, para que converses con tu acompañante sin registrar sus gestos ni su actitud física, para que el tiránico sentido de la vista deje lugar a las percepciones menos utilizadas, pero quizá llenas de inesperados mensajes.

Es una experiencia muy reveladora que recomiendo sin lugar a dudas.

Hoy, hablando de lo que hablamos, se me ocurre proponerte un juego diferente:

Elige a alguien con quien tengas deseos de compartir un buen momento.

Busca un lugar agradable con una excelente decoración y, por qué no, con algo de música suave.

Proponle, por ejemplo, una cena, del estilo que ambos quieran, pero con una consigna especial: durante toda la cena no podrá haber entre ustedes ni una sola palabra.

No hasta terminar de cenar.

Si encuentras la persona dispuesta a hacerlo contigo… Explóralo.

Te aseguro que una agradable sorpresa te está esperando.

CAPÍTULO 3

Una vida más plena

Confiar en uno mismo

Vivimos en un mundo extraño. Algunas cosas son las mismas de siempre, es verdad, pero otras han cambiado totalmente y son hoy muy diferentes. Vengo, y todos los de mi edad conmigo, de un tiempo donde la confianza en el prójimo era la norma y no la excepción, un tiempo en el que los tratos más importantes se concretaban en un apretón de manos y la palabra empeñada era ley.

Fui educado por los que tenían como única referencia de los límites entre las propiedades a las líneas de piedras que habían acordado sus abuelos. Era tan lógico como ingenuo, pero ¿a quién se le iba a ocurrir tocar una sola piedra de la linde?

Si bien es cierto que nadie desconfiaba de la cuenta del "fiado" que llevaba el tendero, ningún tendero dudaba de que, a fin de mes, cuando llegara la paga, se cancelaría la cuenta que él había apuntado en su libreta.

Era una época en la que todos los policías eran serviciales y amables, todos los médicos tenían mucho tiempo para cada paciente y todos los políticos estaban consagrados únicamente a la tarea de servir a la comunidad.

Era fácil y natural confiar, en esa época; y quizá por eso todos se sentían obligados a ser confiables… Como es lógico la confianza en uno mismo venía con la misma naturalidad, producto de la mera madurez y la experiencia.

Hoy eso es distinto. Tanto, que los padres, los amigos, las parejas, los hermanos y los terapeutas utilizamos gran parte del tiempo que compartimos con los que dependen de nosotros ayudándolos a desarrollar y entrenar la confianza en sí mismos (quizás esperando también que nos ayuden a fortalecer la nuestra).

La palabra *confiar* no necesita de diccionarios. Viene de fiar, de fiarse, de creer, de apostar, de tener fe. Me asaltan los versos de la canción de Serrat:

Porque la quería no quiso papeles [...]
No confiaba en él y quiso asegurarse...

Pero la cuestión es: ¿cómo se hace?, ¿cómo se aprende?, ¿dónde se entrena la capacidad de confiar en uno mismo?

Estoy convencido de que todo empieza cuando nos volvemos capaces de descubrir las cosas buenas que tenemos. Me dirás que con sólo eso no llegas a ningún lado. Y yo te diré que, sin eso, no empiezas ni a empezar.

> **Ningún camino comienza si no se da el primer paso y, en este caso, es descubrir algo valioso en ti. Encontrar algo de lo que puedas presumir, aunque sea un poco, aunque sea entre amigos, aunque sea en voz baja al principio.**

¿Qué me dices? ¿Que no tienes nada bueno? ¿Que no hay nada en ti que sea valioso?

Si eso estas pensando o lo pensaste alguna vez, fíjate en que tengo una buena noticia para ti:

Eres bueno viendo el lado complicado de las cosas.

Eres especial para prevenir catástrofes. Adivino que debes ser excepcional para quejarte y único para ver sólo los aspectos negativos de las cosas. Quizá pudieras hacer de esto un oficio. Quizá deberías dedicarte a la crítica de arte o a eliminar las malas hierbas de los jardines, a derrumbar edificios a mazazos. Está muy claro que algo valioso tienes.

Ahí está, por ejemplo, la sonrisa que imagino en tu rostro y ahí está tu deseo de estar bien. Aquí estás leyendo este libro, buscando un camino, el de aprender a mirarte "con buenos ojos"… o mejor dicho, dando un primer paso.

Desde que acepté la responsabilidad de dedicar una parte de mi vida a compartir algunas certezas constructivas descubiertas en mi propio camino, me imaginé que si lo hacía bien podrían servir de mapa (no de ejemplo) a otros que transitan su propia búsqueda.

Claro está que a veces, mi interés personal o la pasión que sentía por algún tema especial de mi realidad interna o del mundo, parecieron alejarme de esa intención. En algunos de esos momentos, me descubrí hablando de todos cuando en realidad pretendía específicamente hablar de cada uno de nosotros o de mí mismo.

Me he valido para mi objetivo, según es mi costumbre, de unas pocas ideas, algunas experiencias propias y ajenas, muchos cuentos y alguna que otra poesía; contenidos traídos con más o menos arte y un toque de humor cuando pude, para confirmarnos que no estamos solos, ni en nuestro dolor, ni en nuestras creencias; ni en los temores ni en las batallas; y mucho menos en nuestros buenos momentos, en nuestro camino de aprendizaje y en nuestro deseo de construirnos vidas cada vez más felices.

Cualquiera que haya leído algunos de los textos escritos durante estos treinta años, no podrá desconocer que hubo dos desafíos sobre los cuales siempre me propuse hacer reflexionar al lector:

el reto de volvernos cada vez más sabios
y la aventura de sentirnos cada vez más vivos.

Dos búsquedas infinitas y, por eso, permanentes, que sólo pueden hacerse realidad si las inscribimos en nuestro corazón cada día, en un entorno rebosante de autoestima.

En un mundo de palabras ausentes, de significados confusos y de sentidos casi perdidos, el concepto verdadero de la autoestima suele quedar, como mínimo, oculto y demasiadas veces desvirtuado.

> Autoestima no es sinónimo de quererse a uno mismo, como se suele pensar, aunque posiblemente lo incluya. La idea que sustenta está más bien relacionada con la autovaloración. La mejor relación con uno mismo es aquella que se apoya en la certeza de que cada quien es único, valioso e irreemplazable.

Sí, has leído bien, irreemplazable.

Si yo no estoy, alguien ocupará mi lugar, claro; alguien realizará mi tarea, por supuesto; alguien escribirá este libro, y quizá lo haga mejor que yo… Pero nadie hará ninguna de esas cosas exactamente como yo lo hubiera hecho —para bien y para mal.

Nadie puede dar lo que tú das como tú lo das.

Nadie puede recibir lo que tengo para ti como tú lo harías.

Nadie despierta en mí el mismo sentimiento que tú…

Nadie puede —y no es un tema menor— equivocarse como lo haces tú y corregir los errores de tu misma manera.

Y siendo tan especial como eres, ¿cómo es que te resistes a darte el lugar que te mereces en la vida?

Alguna vez le dije a un paciente desafiándolo:

—Yo podría conseguirlo y quizá muchos otros podrían, pero tú… tú no puedes vivir sin ti.

Entonces, para poder pensar después en los demás, debes aprender, en contra de muchas cosas mal aprendidas, a pensar en ti adecuadamente y anticipar permanentemente lo que puedes a lo que quieres, para que tu deseo nunca quede condicionado por las cosas verdaderamente imposibles que, en general, ni siquiera son el producto de sueños propios.

Claro que la línea que separa lo saludable de lo enfermizo es muy fina y, para no cruzarla, no sólo es imprescindible conocer las propias limitaciones. También habrá que cuidarse de que algunas limitaciones verdaderas de tiempos idos no sigan siendo fantaseadas como presentes y genuinas incapacidades.

Muchas ideas de "No se debe" o "No se puede" pertenecen frecuentemente a un pasado donde no era yo el dueño de mis decisiones ni tenía demasiada conciencia de mis preferencias; una época en la que aquel que yo era, en efecto, no podía, no sabía o no quería ni siquiera saber, y por eso se quedaba dependiendo del cuidado de algunos y a merced de la decisión de los otros.

Quisiera contarte un cuento; esta versión, casi novelada, de una pequeña anécdota escuchada al pasar y que escribí hace muchos años para mi libro *Cuentos para pensar*:

*L*a madre había partido a la mañana temprano, dejando a sus dos hijos, Pancho, de 7 años, y Joaquín, de 10 meses, bajo el cuidado de Marina, una joven de 18 años a la que contrataba como niñera por horas. Desde que su marido había muerto, todo era más difícil y los tiempos eran demasiado duros como para arriesgar el trabajo faltando cada vez que la abuela se enfermaba o se ausentaba de la ciudad.

Cuando el novio de la jovencita llamó para invitarla a un paseo en su coche nuevo, Marina dudó, aunque sólo por un momento. Luego, ante la insistencia de su joven compañero, se dejó convencer por el argumento de que media hora de ausencia no cambiaría demasiado la vida de los niños. Después de todo, se dijo, estaban durmiendo, como cada tarde, y como siempre, no se despertarían hasta las cinco.

Apenas escuchó la bocina, agarró su bolso y descolgó el teléfono. Si alguien llamaba, solamente obtendría un tono de comunicando.

Tomó la precaución de cerrar la puerta del cuarto de los niños y se guardó la llave en el bolsillo. No quería arriesgarse a que Pancho se despertara y se le ocurriera bajar por las escaleras para buscarla. Ella nunca se perdonaría que en un descuido el pequeño tropezara y se hiciera daño. Además, pensó, si eso sucediera, ¿cómo explicaría a la madre que ella no estaba en casa?

Quizá fue un cortocircuito en el televisor encendido o en alguna de las luces de la sala, o tal vez una chispa de la estufa de leña; el caso es que pocos minutos después de que Marina dejara la casa, las cortinas empezaron a arder y el fuego rápidamente alcanzó la escalera de madera que conducía a los dormitorios.

La tos del bebé debido al humo que se filtraba por debajo de la puerta despertó a Pancho, que, sin pensar demasiado, saltó de la cama y forcejeó con el picaporte para abrir la puerta, mientras gritaba llamando a Marina. Afortunadamente, no pudo abrirla, porque si lo hubiera conseguido, él y su hermanito hubieran sido devorados por las llamas en pocos minutos.

Pancho siguió llamando a Marina, pero nadie contestaba, así que corrió al teléfono que había en el cuarto (él sabía cómo marcar el número de su mamá), pero no había línea.

Pancho se dio cuenta de que debía sacar a su hermanito de allí. Intentó abrir la ventana que daba a la cornisa, pero era imposible para sus pequeñas

manos destrabar el seguro y, aunque lo hiciera, quedaba la malla de alambre que sus padres habían instalado para frenar la invasión de insectos del verano.

Posiblemente fue en ese momento cuando Pancho recordó las aventuras de El príncipe valiente, que tanto le gustaba que su madre le leyera, y, entonces, usando el perchero como ariete, cargó contra el ventanal rompiéndolo en pedazos y arrastrando con el impulso la malla de alambre.

Él podría haber salido caminando por la cornisa hasta el árbol y bajar por él hasta el jardín, pero… no podía dejar a su pequeño hermano en el cuarto lleno de humo. Pancho vació la mochila de la escuela y puso adentro a su hermano, que lloraba y tosía cada vez más.

Y se colocó la mochila en los hombros para escapar por la ventana.

…Cuando los bomberos terminaron de apagar el incendio, el tema de conversación de todos era el mismo:

—¿Cómo pudo ese niño tan pequeño romper el cristal y luego el enrejado con el perchero?

—¿Cómo pudo cargar al bebé en la mochila?

—¿Cómo pudo caminar por la cornisa con semejante peso y bajar por el árbol?

—¿Cómo pudo salvar su vida y la de su hermano con sus 7 añitos?

El viejo jefe de bomberos, hombre sabio y respetado, les dio la respuesta:

—Pancho estaba solo con su hermano, a merced de las llamas… Fue muy valiente e inteligente, pero ustedes se preguntan ¿cómo pudo hacerlo? Yo tengo la respuesta: pudo, entre otras cosas, porque no tenía a nadie cerca que le dijera que no iba a poder.

Muchas veces, desde dentro y desde fuera, algunas voces intentan disuadirnos, anticipando el fracaso, incluso antes de intentar un nuevo desafío. Muchas veces, esas voces pueden más que nuestro deseo o nuestra necesidad de dar un paso arriesgado. La mejor parte de la autoestima está en la confianza que podemos desarrollar en nuestra capacidad y nuestros recursos. La decisión de intentarlo con lo mejor de nosotros. La certeza de saber que, si fracasamos, habremos aprendido algo para la próxima vez. La tranquilidad de que, como dicen los que más saben, el resultado final favorecerá siempre a los que alguna vez alinearon su sentimiento y su pensamiento con sus acciones.

¡Pero cuidado!

No creas a aquellos que dicen que tú puedes lograr todo lo que te propongas.

Y menos aun a aquellos que te dicen que basta con desearlo.

Pero créeme si te digo que puedes más cosas de las que crees que puedes.

Si esto es así, la única manera de saber dónde está el techo es corriendo el riesgo de darse de cabeza contra él. Pero no te inquietes. Alguien con la cabeza tan dura como nosotros no puede dañarse demasiado con ese golpe.

Dice Osho:

> Todo el reino es para ti y sólo tienes que reclamarlo. Pero no puedes ni siquiera soñar con reclamarlo, si en tu oscuridad crees que nada vales, que eres un mendigo. El tesoro está ahí, seguirá en lo oscuro mientras no confíes en ti...

Como despedida te propongo este pequeño ejercicio diseñado por Sivasailam "Thiagi" Thiagarajan, uno de los mayores expertos mundiales en dinámicas grupales.

De su inventiva nació este modelo de autoinvestigación que hoy vamos a utilizar para evaluar algunos aspectos de nuestra confiabilidad.

Consiste en contestar a estas preguntas (trata de encontrar por lo menos tres o cuatro respuestas para cada una). Hazlo con sinceridad (puedes ayudarte agregando los adjetivos demasiado o muy poco):

◈ ¿Qué características tienes y te gusta tener?

Soy _____ y me gusta ser así.

◈ ¿Qué características no tienes pero te gustaría tener?

No soy _____ pero me gustaría serlo.

◈ ¿Qué características no tienes y no querrías tener?

No soy _____ y no me gustaría serlo.

◈ ¿Qué características tienes pero desearías no tener?

Soy _____ y no me gustaría serlo.

Agrego una pregunta que te hago yo y que no forma parte del ejercicio de Thiagi:

◈ A partir de cómo te acabas de describir, ¿dirías que se puede confiar en una persona como tú?

Por si acaso no encuentras la respuesta, la contesto yo:

Por supuesto que sí.

Vivir sin culpas

La idea del bienestar y la calidad de vida se ha asociado desde tiempos remotos, utilizando estas mismas u otras palabras, con la salud y con la armonía interior; sin embargo en los últimos años, cada vez más frecuentemente, escucho cómo se intenta distorsionar ese vínculo, atando aquellos dos objetivos exclusivamente al confort y sometiendo éste a la posesión de ciertos bienes materiales o al acceso a espacios sofisticados y costosos.

Desde mi pequeño lugar de francotirador de temas de superación personal, intento, desde hace más de treinta años, poner el acento en otro lugar, en otras posesiones, en esas cosas que no se compran con dinero, en los bienes no perecederos, en los recursos internos que se construyen o se desarrollan, pero no se pueden encargar por internet con un simple clic en el botón de "añadir al carrito de compra".

Obviamente no fue posible abordar estos temas sin ocuparme, aunque bastante menos, de las dificultades que conlleva luchar por estos valores, el desafío de darnos cuenta de los fantasmas que acechan nuestro camino, el coraje de salvar los abismos que nos impiden avanzar hacia un horizonte diáfano que nos llama, aun cuando a veces lo imaginemos inalcanzable.

Si tuviera que hacer una lista de esos enemigos de nuestro bienestar, comenzaría, claro, con los tres obstáculos más frecuentes e importantes que aparecen en el camino de todos, y que paradójicamente no son parte de la naturaleza humana, sino meros subproductos indeseables de nuestra cultura judeocristiana, me refiero **al miedo, a la vergüenza y a la culpa,** tres formas de llamar a las trampas que hemos creado a través de los siglos que parece que tuvieran como único fin el de limitar nuestra capacidad de disfrutar de la propia vida.

Los hemos conocido y aprendido escuchando, viendo e imitando a nuestros padres, maestros y vecinos, y se podrían describir como obras de arte de nuestro peor aspecto autodestructivo: la turbación frente al mañana incierto, el miedo de hoy al juicio crítico de los demás y el temor a la propia condena por lo hecho ayer.

Todos los terapeutas del mundo que trabajan con pacientes, enfocan su tarea en el desafío de ayudar a quienes los consultan a librarse de esa carga: enfrentar los miedos, abandonar la vergüenza y deshacerse de la culpa sin desconocer ni minimizar el hecho de que, a veces, cualquiera de ellos funcione como una alarma que advierte de un desvío en el camino.

Hoy quiero centrarme en la culpa. Esa molesta sensación que todas las personas socialmente sanas y maduras conocemos. Esa experiencia que todos aprendemos a identificar fácilmente pero que no sabemos si considerarla un sentimiento, un pensamiento o un complejo y retorcido reflejo, anidado en cada uno como previsible resultado de una condicionante educación.

Nuestra madre anciana ya no puede vivir sola, nosotros no podemos vivir con ella porque tenemos nuestra propia familia, ni podemos llevarla a nuestra casa por falta de espacio y, entonces, decidimos ingresarla en un asilo, en contra de su voluntad. Aunque el lugar sea óptimo, aunque la atención sea inmejorable y la vayamos a ver todos los días, muchas veces nos sentimos culpables o acusados por la mirada de nuestros amigos o vecinos.

No ha habido error ni descuido, pero la culpa aparece.

Nadie podría estar en desacuerdo con la necesidad de defender las libertades individuales, pero avalamos el poder determinante de la culpa aunque funcione como una de esas restricciones no legisladas por jueces ni perseguidas por la policía, que castigan sin multas ni cárceles, pero nos condenan al desprecio crítico del autorreproche.

En la opinión de todos los investigadores confiables del área de la salud mental, todo parece señalar que las raíces de la culpa han sido sembradas en nosotros durante la infancia, lo cual parece establecer con claridad que **la culpa** no sería, *a priori*, un verdadero sentimiento sino **una respuesta emocional aprendida,** un subproducto antinatural inventado por quienes nos precedieron, existente, según dicen sus defensores, para conjurar algunos de nuestros aspectos más dañinos y destructivos.

La culpa actuaría según dice la cultura popular como una especie de bozal para evitar que nos mordamos los unos a los otros, una infalible receta que frenará alguna tendencia "universal" al autoritarismo, a la conducta antisocial e, incluso, a la criminalidad.

Y sin embargo…

Yo sé de mí y tú de ti que no es la culpa lo que nos frena y nos impide cometer un asesinato o herir al prójimo a sabiendas. A mí me parece que si la metáfora del bozal es acertada, la culpa resulta ser un bozal que le cabe solamente a los perros que no muerden.

Déjenme compartir con ustedes este "absurdo" e hipotético plan…

Supongamos que decidiéramos crear en otro planeta una nueva sociedad. Supongamos que, por alguna extraña razón, partiéramos del preconcepto de que sus habitantes son esencialmente malos, dañinos, crueles y destructivos.

Supongamos que, como somos bondadosos y nobles, deseamos que esa sociedad que estamos creando viva en paz y tranquilidad. Es obvio, por lo menos en un primer análisis, que deberemos crear los mecanismos para controlar los bajos instintos de los habitantes de esa sociedad imaginaria. Tendremos que crear duras leyes y eficientes formas de represión y de castigo para los transgresores. A poco de andar, nos daremos cuenta de lo útil que sería meter en sus primitivos cerebros alienígenas un mecanismo de autocensura, un chip que les haga sonar un molesto chirrido en sus oídos y que les oprima el pecho cada vez que violen alguna de nuestras tan beneficiosas leyes, diseñadas "sólo para protegerlos de sí mismos".

Para no llamar a ese chip con nombres odiosos, podríamos definirlo con una sola palabra, corta y fácil de recordar: culpa.

Pero si partiéramos de la idea de que sus habitantes son esencialmente buenos, generosos, amorosos, solidarios y creativos, entonces no habría ninguna necesidad de inventar el chip de la culpa ni de legislar represivamente.

Pues bien, parece claro que la cultura, y de allí nuestra educación, parten de un concepto del mundo y de la humanidad muy semejante al de la primera de nuestras sociedades. Pero si, en realidad, nos parecemos en esencia más a los habitantes de la segunda, la culpa sólo podría servir para conflictuarnos, para volvernos más neuróticos, para hacernos menos auténticos y, quizá con el tiempo, para hacer surgir lo peor de nosotros mismos, aquello que haga pensar a alguien que la culpa era necesaria.

Para nosotros, los que confiamos en el ser humano más natural y genuino, la culpa es uno de los símbolos más emblemáticos de la neurosis de la sociedad que compartimos. Una respuesta nada elogiable y que muy lejos está de ser necesaria o beneficiosa. Una sensación tóxica y dañina, que persiste lastimando mucho a muchos y produciendo enormes pérdidas a todos, desde el punto de vista social.

Como siempre, cito al humorista argentino Landrú:

> Cuando esté en un callejón sin salida,
> no lo dude, salga por donde entró.

La puerta de entrada a la culpa está en mi cabeza con alguno de estos pensamientos:

Algo que hice (o dejé de hacer) dañó, podría dañar (o imagino que podría) a otro o a otros (y lo sé porque a mí me hubiera dañado).

Me hago cargo de haber defraudado al que esperaba otra cosa de mí o imagino que él esperaba (porque en su lugar yo esperaría otra cosa de él).

Me juzgo sin piedad (como juzgaría a otros en mi situación) y me encuentro culpable del daño producido porque podría haberlo evitado (o me imagino que debería ser capaz de haberlo evitado).

Me condeno a cargar con mi propio desprecio (como te condenaría a ti en una situación equivalente).

Dice Jiddu Krishnamurti que cualquier temor es la expresión de un imaginario y la culpa, por supuesto, no es una excepción.

A la mente le da igual si la acusación del otro respecto de mi actitud es real o imaginaria. Si el otro existe o no. Si el daño se ha producido efectivamente o si es sólo una pesadilla inventada por mí; sea como fuere no estuve a la altura de lo que se esperaba (yo esperaba) de mí.

Queda claro entonces que no es la exigencia del otro insatisfecha o defraudada la que me ocasiona la pena culposa, es mi propia exigencia. De hecho en la medida en que cada uno de nosotros empiece a revisar sus propias exigencias, dejará de colocar la crítica y la acusación en el afuera,

aprenderá a encontrarse responsable cuando lo sea (y no culpable) y acep-
tará que no somos infalibles y que, en nuestros errores, lamentablemente
terminaremos a veces, lastimando a otros.

> **Bajando la exigencia conquistaremos un espacio maravilloso, el
> de la posibilidad de perdonar y de perdonarse.**

Pero lo interesante es que ése es sólo el primer paso.

El segundo será aprender a no compadecernos en automático por
el sufrimiento de los pobres llorosos que aparentemente llevan sobre sus
hombros la eterna tortura de la culpa y del miedo a ser juzgados. Debemos
aprender que demasiadas veces, detrás de muchas de estas personas, se es-
conde alguien autoritario, un exigente o un omnipotente, que proyecta su
dedo acusador y su impotencia en el afuera, es decir, en nosotros.

El tercero quizá sea el aprendizaje más trascendente: tu actitud nunca
será capaz de satisfacer a todos.

*El famoso Conde Lucanor cuenta la historia del anciano que regresaba del
mercado con su joven nieto, llevando su mula cargada con la compra. En el
camino, oyen las continuas recriminaciones de quienes se cruzan a su paso, por
lo que van cambiando su manera de volver a la casa.*

*Cuando caminaban junto a la mula que cargaba en sus alforjas los bultos
de la compra, algunos dijeron:*

*—Qué idiotas, esos dos van caminando en lugar de turnarse para montar
la mula.*

Y luego:

*—Habrase visto, el viejo caminando, a sus años, y el nieto, con toda su ju-
ventud, sentado en la mula.*

Y después:

—Qué poca vergüenza, aprovecharse así de su nieto. Él de lo más cómodo allí sentado y el pobre muchachito caminando como un esclavo.

Y, finalmente, cuando decidieron cabalgar ambos la mula:

—¡Salvajes! Pobre animal. ¿No bastaba con cargarlo con el peso de la compra...?

Recuperar la calma

*D*esde nuestro primer día de vida estamos llenos de necesidades y deseos. A medida que crecemos vamos agregando ítems a la lista, a la par que aprendemos a definirlos con claridad y a buscar satisfacerlos sin depender (como entonces) de que alguien se ocupe de nosotros y nuestras expectativas. Afortunadamente al volvernos adultos también desarrollamos la inteligencia que nos permite con mayor o menor dificultad aceptar que a veces debemos priorizar algunas cosas que, por su importancia o urgencia, se nos imponen, aunque no sean las que más placer prometen.

Te propongo que, antes de seguir leyendo, te tomes unos minutos para hacer juntos este pequeño ejercicio. Toma un par de hojas de papel para hacer dos listas de necesidades.

En una hoja, anota en una columna las cosas que necesitas o crees urgentes en este tiempo de tu vida, y que por eso requieren tu atención aunque reconozcas que no son las más importantes para ti.

En la otra, confecciona una lista con las cosas que deseas, pretendes conseguir o no quisieras perder y que son verdaderamente importantes, aunque no te ocupes demasiado de ellas, porque crees o sabes que no revisten urgencia.

No pienses demasiado. El intelecto hace trampas con lo importante y lo urgente. Ya lo verás luego. Ahora sólo escribe cinco o seis cosas en la primera lista (en la de lo que es urgente) y luego otras tantas en la segunda.

Adelante.

No te fijes en si es correcto o no que esas necesidades estén allí.

No seas juez. Sé solamente un testigo, un escriba. Observa lo que aparece en tu mente frente a la pregunta y anótalo.

Ahora, si has terminado, revisa tus listas. Tómate unos minutos.

¿Qué dice de ti el hecho de que éstas sean tus urgencias o tus prioridades?

¿Qué dice lo que has escrito en estas hojas de este momento de tu vida?

No tengas ninguna duda de que hace un tiempo estas listas hubieran sido muy diferentes, y es normal y sano que así sea.

Ahora bien, ¿actúas en congruencia con la lista de tus necesidades?

Un poco más de análisis: ¿hay cosas que aparecen en las dos listas? ¿Por qué?

¿Sientes la tentación de cambiar alguna de las cosas de lugar? ¿Querrías tachar o agregar algo en alguna de las listas?

Haz los cambios que quieras antes de seguir, pero no dejes de preguntarte qué te muestra eso acerca de quién eres y del lugar y la situación en la que estás ahora.

Serenidad para construir una vida valiosa

Hoy quiero usar este pequeño juego para llamarte la atención sobre un punto. ¿Está la serenidad —o algún equivalente— en alguna de tus listas? Espero sinceramente que sí.

Si no figurase en ninguna de las dos, te pido que la incluyas. ¿En cuál? Tú eliges.

Para construir una vida valiosa, plena, trascendente y que valga la pena ser vivida es fundamental tener y disfrutar de nuestra necesidad de tiempos calmos, tranquilos, sin prisas. Recuperar cierto espacio de serenidad.

Quizá te preguntes como muchos "¿Por qué 'recuperar' y no 'conseguir'?".

Yo creo que la serenidad no nos es totalmente ajena.

Todos hemos sentido esa sensación alguna vez.

Todos la tuvimos aunque sea fugazmente y la perdimos.

Quiero decir, aunque nada más fuera en la cueva materna, todos tenemos una idea vivencial de la paz que disfrutan los que no tienen grandes deseos insatisfechos, ni ambiciosas metas inalcanzadas, ni increpantes exigencias con las cuales lidiar.

> Con la sabiduría que sólo detenta un iluminado, Buda enseñaba que hay únicamente dos caminos a la serenidad y la paz: el de la satisfacción de todos y cada uno de nuestros anhelos, y el de la cancelación de todos ellos.

Es evidente que este último camino, el de dejar de desear, es muy difícil para nosotros, los que nacimos y vivimos en Occidente; pero aun sin leer su doctrina sabemos que el primer camino, el de tenerlo todo, es sinceramente inviable.

Después de esta digresión, quizá nos invada una sensación de malestar difícil de ocultar. Quiero decir: si está claro que hay una frustración inevitable escondida en algunos de nuestros deseos, ¿será imprescindible que esa insatisfacción robe nuestra serenidad?

Yo estoy seguro de que no. Y que como dije es nuestro desafío crear los tiempos y los espacios para recuperarla.

¿Por qué no es tan fácil? Posiblemente porque en un mundo que ofrece, todo el tiempo, mucho de casi todo, la serenidad es una excepción.

Demasiado trabajo, demasiada ambición, demasiados problemas en los que pensar, demasiadas cosas de las que ocuparnos, demasiadas urgencias, aun para disfrutar de la vida. No parece haber tiempo en nuestras vidas para ocuparnos de la serenidad y posiblemente por eso nos ha abandonado.

Y aunque las reacciones individuales frente a esta presión cambian considerablemente de persona a persona, nos obsesiona mucho más la dieta que comer sano y ser exitosos más que sentirnos realizados.

¿Estamos en el buen camino?

Pérdida de la memoria, disminución de la capacidad de concentración, insomnio y hasta cierto grado de depresión son tomados como desvíos y consecuencias naturales de la vida en un mundo competitivo.

Infecciones, virosis, disfunciones de la sexualidad, migrañas, problemas digestivos, enfermedades de la piel, infertilidad, úlcera y la peligrosa hipertensión son interpretados demasiadas veces como patologías del cuerpo que hay que curar, cuando son en el peor de los casos respuestas del cuerpo a los excesos a los que lo sometemos.

Ansiedad, inquietud, labilidad emocional, incertidumbre y los pequeños miedos cotidianos son considerados como parte natural del precio de vivir en esta época, y no debería ser así.

Lamentablemente se nos ha enseñado —y más lamentablemente hemos aprendido— que se debe encontrar la seguridad para conseguir la serenidad. Y eso no sería tan malo si no creyéramos que la manera de lograr aquélla es cumplir con los objetivos impuestos por una sociedad para la que somos más veces potenciales consumidores que personas detrás de la búsqueda de su felicidad. Como ya hemos dicho tantas veces, la envidia de algunos por nuestros "éxitos" no "confirma" que estemos en el camino correcto, sino que antes bien demuestra que hay muchos tan o más perdidos que nosotros.

Por supuesto que son más que razonables el goce del objetivo cumplido y hasta el vanidoso placer de haber conseguido lo deseado, incluso lo es el alivio que llega automáticamente al arribar a una meta; pero no perdamos de vista que esas alegrías no pueden ser el objetivo real ya que este bienestar dura solamente un instante y en cuanto llegamos, estamos obligados a buscar otra meta, a diseñar un nuevo objetivo, a encontrar una nueva zanahoria, a hacernos una nueva promesa para el futuro.

En el mejor de los casos la llegada a la meta nos asegura
un pasado pero nunca un futuro.

Al cruzar cada meta nos veremos siempre lanzados a hallar algo que nos instale por un instante más, como en el pasado, en el mundo de los inquietos perseguidores del éxito pensando que el próximo logro es el que supuestamente nos dará la tan deseada seguridad que según alguien nos dijo (y decidimos creerle) nos permitirá encontrar la tranquilidad del alma.

Vivimos en gran medida invadidos por este mismo esquema, buscando llenarnos de cosas que no necesitamos, de objetos que no usamos: una biblioteca llena de libros que no hemos leído, ahorros que no sabemos si llegaremos a disfrutar, una cabeza sobrecargada de información y conocimientos (muchas veces inútiles) que almacenamos y llevamos en la mochila de nuestro intelecto de aquí para allá, una agenda llena de nombres de personas a las que apenas vemos y números de teléfono de gente con la que hablamos demasiado poco...

En realidad se trata de una carrera desenfrenada para no sentirnos vacíos, ya que la fantasía de la quietud y el silencio suele llenarnos de miedo. Asustados de la nada, buscamos colmar el silencio con palabras y la quietud con movimiento (de paso para apresurar la llegada a nuestro "destino" de prosperidad).

Una hora sin hacer nada

Te propongo algo diferente.

Te invito a que en los próximos días encuentres al menos una hora para sentarte en silencio y no hacer nada.

No te asustes.

Cualquiera puede y tú también.

Una hora sin hacer nada. Ni leer, ni escuchar música, ni ver una película. Nada.

Nada de nada.

Te anticipo que seguramente los primeros minutos, te sentirás un tanto confundido de tan sólo mirar las cosas que hay dentro de ti.

A los quince minutos, estarás molesto o inquieto, y tendrás ganas de dejar este ejercicio.

Si perseveras, quizás aparezcan desde tus adentros inútiles y molestos autorreproches, tristeza, desazón y cosas todavía más desagradables.

Pero si no huyes y puedes seguir allí sin juzgarte, llegará en seguida el momento en el que la inquietud desaparecerá y, desde abajo, surgirá, te lo aseguro, tu serenidad: la serenidad de los que no temen lo que pueden encontrar afuera, porque no están asustados de lo que ven adentro y que son capaces de vivir jerarquizando lo que son, y no lo que tienen. Una serenidad, en definitiva, que muchos llamamos "ser feliz".

Después de haber practicado varias veces el ejercicio, y cuando consigas entrar en él con facilidad, puede que comiences a notar que durante el día tiendes a pasar más tiempo quieto o en silencio. Es muy lógico que sea así, pues estando en paz con el mundo exterior y con tu interior, llenar la realidad de excesivas acciones o palabras se vuelve innecesario y hasta agobiante.

Por si acaso estés pensando que no se puede estar en paz cuando sabes lo poco que tienes y lo mucho que te falta; te dejo este cuento:

U*n hombre lloraba sentado en el liso suelo de una plaza:*

—No tengo nada. Estoy en la ruina. Soy el más pobre y desposeído de todo el pueblo.

—¿Te gustaría tener algo de dinero? —preguntó un desconocido al escucharlo.

—¿Lo ves? Hasta me ofreces limosna… ¡Qué terrible es mi situación!

—No te ofrezco limosna. Quiero comprarte algo —dijo el hombre.

—¿No te das cuenta de que no tengo nada? ¿No lo entiendes? ¿No me ves vestido con harapos y durmiendo en esta plaza?

—Eso es. Yo no veo muy bien. Un famoso cirujano me ofreció devolverme la vista si conseguía dos ojos sanos. Te compro los tuyos.

El hombre retrocedió asustado. Quien le hablaba estaba loco o borracho.

—No creas que estoy borracho — le dijo como adivinando su pensamiento—. Te ofrezco un millón por tus dos ojos…

—Estás loco —le dijo el otro—. Vete de mi vista antes de que te dé un puntapié.

—Eso —dijo el comprador—, eso. También podría ofrecer un millón por tus pies, los míos casi no me sostienen.

El hombre levantó el puño amenazante y gritó enfurecido:

—Si no te vas de aquí ahora mismo…

—Dos millones por tus manos —fue la única respuesta.

De pronto se dio cuenta de que el extraño viajero hablaba en serio. Lo supo cuando vio que de sus mangas anchas asomaban dos deformes muñones.

—Vete. Te lo pido por favor. No quiero venderte nada de todo lo que me pides.

—Eres muy afortunado. ¿Lo sabías?

El hombre hizo un silencio y luego dijo, casi para sí mismo:

—Acabo de enterarme…

Simplificar tu vida

Una de las mayores diferencias entre el ser humano y las otras especies es nuestra capacidad, por lo menos potencial, de adaptarnos a casi cualquier circunstancia que nos presente el entorno, aunque para eso (y aquí está la mayor diferencia) sea necesario adaptar ese entorno a nuestros requerimientos. Y este matiz no es un tema de menor importancia.

Todos nuestros vecinos —desde los primitivos protozoos hasta los más evolucionados mamíferos— son capaces, como lo somos nosotros, de modificarse para poder sobrevivir en un medio que ha cambiado y de mudarse de entorno si la adaptación no es posible. Pero hasta donde sabemos, solamente el ser humano tiene semejante alternativa adicional: la de cambiar el entorno, para que se acomode a él, a sus necesidades, o sus limitaciones.

Dicho de otra forma, si en una determinada zona del planeta comienza a escasear el alimento por culpa, por ejemplo, de una bacteria que ataca los árboles frutales, los animales aprenderán a buscar los árboles sanos, o comerán otras frutas que hasta entonces no comían, o se harán carnívoros y hasta caníbales… Y, si todo eso no es suficiente, para no morir intentarán migrar con sus congéneres, buscando un territorio en el que sea posible alimentarse.

Sólo los seres humanos pueden, aun siendo capaces de hacer todo lo anterior, decidir quedarse y sembrar otros árboles, dedicarse a combatir la bacteria o desarrollar en el laboratorio árboles inmunes a esa infección. Y aclaro que no es solamente un tema de inteligencia, porque, hilando fino, tal vez la capacidad intelectual sea mucho más una consecuencia —y no la causa— de esa posibilidad de modificar el medio en lugar de adaptarse pasivamente a él, que caracteriza a la conducta humana.

Pero claro está que poseer ese don no nos obliga a estar modificando siempre el afuera dejando intacto el interior. Quizá la mejor de nuestras virtudes sea también, y sobre todo, la de ser capaces de elegir (ahora sí con inteligencia) uno u otro camino.

¿Cuándo debo tratar de adaptarme yo?

¿Cuándo hay que intentar cambiar el afuera?

¿Cuándo es necesario tomar la decisión de sumar un poco de cada actitud?

Es evidente que no se puede hacer un tratado universal que enumere todos los casos y que decida, *a priori*, "en qué situaciones, hay que adaptarse" y, "en cuáles otras, lo contrario". Sabemos de sobra que el universo tiene tantas variables que, de muchas formas, cada situación es única y, que además tú no eres yo, ni yo soy tú, y por lo tanto cada una de estas decisiones es personal, de ese individuo y de ese momento.

En la misma situación, yo quizá trataría de adaptarme y tú, tal vez, con algo de arte, modificarías esa realidad adversa. En otro momento, frente a esa misma situación, quizá los dos actuaríamos a la inversa de como actuamos hoy.

Hay una ley filosófica que se llama vulgarmente la navaja de Ockham. Este principio toma su nombre de un franciscano inglés llamado Guillermo de Ockham, quien, en el siglo XIV, sostenía que, cuando ante una cuestión que debe ser resuelta, se presentan varias alternativas posibles, la más sencilla de las soluciones es siempre la que tiene más probabilidades de ser la correcta. Este razonamiento, conocido también como principio de economía del pensamiento o reduccionismo metodológico, está basado en una premisa que, de por sí, remite a huir de lo artificialmente complicado.

Al respecto, un antiquísimo postulado en latín, pintado en una pared de un viejo monasterio, nos advierte: "No debe suponerse la existencia de más cosas que las absolutamente necesarias (*Entia non sunt multiplicanda praeter necessitatem*)".

Si bien se supone que la idea ya formaba parte natural de la metodología del pensamiento en algunos estudiosos anteriores del medievo, el reverendo Ockham la hizo famosa, quizá por agregar en su definición el concepto provocativo de la navaja, con la que, él propone, se deberían cortar de raíz los razonamientos que compliquen inútilmente el análisis de una situación o la solución de un problema.

Esta regla, que en lo cotidiano aplicamos muchas veces sin darnos cuenta, ha tenido una importancia capital en el desarrollo posterior de todas las ciencias.

La primera vacuna

A finales del siglo XVIII, el doctor Edward Jenner trabajaba arduamente en la investigación de una de las más nefastas y mortales enfermedades de aquella época: la viruela (más de la mitad de la población la padecía y veinte por ciento de los enfermos moría irremediablemente). Para poder realizar los experimentos, que una investigación seria requería, Jenner necesitaba no sólo enfermos de viruela sino también individuos que no tuvieran, ni hubieran tenido la enfermedad. En su búsqueda por toda la Inglaterra de entonces, el doctor Jenner se topó con un pueblo que misteriosamente no había reportado ni un solo caso. Un pequeño pueblo de doscientas familias que se dedicaban a la industria láctea.

Jenner pensó en varias alternativas que explicaran esta inmunidad, entre las cuales barajó algunas bastante complicadas y otras francamente absurdas:

Quizá… los habitantes tenían algún medicamento secreto que no querían compartir.

Quizá… todos provenían de otro planeta y la viruela no les afectaba.

Quizá… algo de la zona (la hierba, el aire o algún alimento) los protegía.

Quizá… había algo en común que los ponía en un lugar especial respecto a la enfermedad.

Quizá… había algo más en lo cual a nadie se le ocurría pensar.

Después de descartar las dos primeras explicaciones y la última (además de otras veinte más o menos rebuscadas teorías), la navaja de Ockham le dejó a Jenner sólo dos opciones, y las dos apuntaban a algo que generaba esa inmunidad.

Mientras conseguía voluntarios para que se trasladaran a vivir a la zona, para comprobar si se inmunizaban, el doctor Jenner se enteró de que había otros pueblos inmunes a la viruela, y de que todos tenían que ver con el negocio de la leche y las vacas.

Lo que siguió cambió para siempre la historia de la vida y la muerte de todos los seres vivos del planeta.

Luchando con su propia incredulidad, Jenner se dio cuenta de que si la inmunidad aparecía en las ciudades que trabajaban con vacas, la sustancia buscada debía estar en estos animales, y así fue (de allí que su tratamiento terminara llamándose "vacuna").

Después de mucha tarea, ensayos y errores, el investigador aisló esa sustancia e inoculó a individuos de otras ciudades, consiguiendo que también ellos desarrollaran protección y defensas contra la viruela.

¿Qué tiene que ver esto contigo y conmigo? Dado que también nosotros nos vemos obligados día a día, a enfrentarnos con complicaciones, problemas y situaciones de todo tipo que imponen la necesidad de tomar decisiones, sería de gran ayuda, aprender a recortar lo verdaderamente importante de cada hecho, resistiendo a nuestra cultural tentación de complicar las cosas.

> En general, como establece el principio de la navaja de Ockham,
> las mejores soluciones aparecen de la más simple lectura
> de cada problema.

Alguna vez me contaron esta anécdota que cuento tal como me contaron que sucedió:

En plena carrera espacial, Estados Unidos y la entonces poderosa Unión Soviética se esforzaban por ser los primeros en llegar a la Luna. Dejar

registro de lo que sucediera era tan importante para el futuro como lograr-lo. No existían microchips todavía y debía escribirse a mano, lo que con-dujo a un problema en el que nadie había pensado antes: sin gravedad, la tinta de los bolígrafos no corre. Este pequeño punto pareció ser crucial en aquellos tiempos.

El grupo que consiguiera solucionar esta dificultad ganaría, al parecer, la carrera espacial.

El gobierno de Estados Unidos, consciente de la importancia del tema, invirtió millones de dólares en financiar un grupo de científicos para resol-ver el asunto. Al cabo de algunos meses de tarea incansable, los inventores presentaron un proyecto ultrasecreto: un bolígrafo que contenía un meca-nismo interno de minibombeo que desafiaba la fuerza de gravedad.

Este pequeño invento permitió, después de destrabar el primer viaje a la Luna, que toda una generación de jóvenes pudiera escribir mensajes y grafitis en los techos de sus aulas y de los baños de todo el mundo... pero éste es otro tema.

Estados Unidos, en efecto, llegó primero a la Luna, pero no fue porque los rusos no hubieran resuelto el tema de la tinta.

En la Unión Soviética habían solucionado el problema apenas unas horas después de darse cuenta de la dificultad planteada: los científicos ru-sos, encarando el tema con mayor simpleza, renunciaron a los bolígrafos y decidieron reemplazarlos por lápices.

Nuestra es, entonces, la tarea de simplificar las cosas con las que nos en-frentamos y quizá también dejar de sofisticar hasta lo indecible nuestras necesidades, para quedarnos con las más auténticas y saludables, que, en general, no son las más publicitadas sino las más sencillas.

Como se intuye fácilmente, el primer paso, el siguiente y el último se pueden enunciar con la misma frase: **aprender a vivir con menos**.

El valor del desprendimiento ha sido ensalzado por casi todas las doc-trinas religiosas y por la mayoría de los maestros espirituales, como llave y pasaporte a la hegemonía de lo mejor de cada uno.

Es interesante y sorprendente que esa lección de vida que encontramos con frecuencia en el mensaje y el ejemplo de casi todos los maestros espirituales (de San Francisco de Asís a Buda), vuelva hoy a nosotros, desde una perspectiva totalmente distinta. Esta vez nos llega en la voz de los más encumbrados economistas, de muchos poderosos ministros de Hacienda y de prestigiosos jefes de gobierno. Con mucha menos nobleza, el mensaje sigue siendo el mismo: detener nuestra desafortunada adicción a lo material y aprender a desprendernos de tanta cosa innecesaria, y esto podría ser leído como una buena señal en una sociedad como la nuestra, pero no lo es, porque el objetivo de la recomendación "virtuosa" no es ya la libertad de aquel que no depende de sus posesiones, sino la supervivencia de aquellos que no tienen acceso a lo mínimo que necesitan para vivir con dignidad.

Dicho esto, resulta difícil, en la actualidad, precisar qué significa y qué valor tiene ese concepto del que tantas veces y en tantos foros me has escuchado hablar y que he englobado en la palabra "desapego".

¿Qué significa el desapego?

¿Debo entregar todos mis bienes a los que no tienen nada?

¿Debo renunciar a mis posesiones?

¿Debería vivir como un mendigo?

¿Sería deseable que la gente prendiera fuego a sus ropas, sus muebles y sus automóviles?

No parecen ser propuestas demasiado sensatas ni posibles.

Desde niños, hemos aprendido a valorar nuestros útiles, nuestra ropa y nuestras cosas.

Nos han enseñado a conservar, a cuidar, a no destruir, y a hacer lo posible para tener más de aquello que creemos bueno para nosotros.

Sería muy difícil cuestionar a fondo estas pautas… Pero estoy seguro de que hay por lo menos dos cosas que sí podemos hacer para explorar nuestra capacidad de desprendernos de lo que tenemos.

Podemos aprender a compartir
y podemos darnos cuenta del sinsentido de acumular.

Nada tiene de criticable que valores lo que tienes, lo que te ganaste, lo que te mereces por tanto esfuerzo, pero cuidado: una cosa es "valorar" y otra, muy diferente, "aferrarse". Una cosa es "Disfruto de todo lo que tengo" y otra, "Lo necesito para ser quien soy". Parece una verdad de Perogrullo que nadie "es" por lo que tiene, ni logra la felicidad por acumular bienes, y sin embargo nos cruzamos con actitudes que parecen señalar que esto lo cree buena parte de los que nos rodean.

Me acuerdo del ejemplo del gran filósofo y escritor francés Albert Camus, que sostenía que él había llegado hasta ese lugar prestigioso y envidiable gracias a que el azar lo hizo nacer en una familia indigente y analfabeta:

demasiados jóvenes — solía decir— renuncian a un destino mejor por temor a perder algo —su casa, la valoración familiar, la seguridad del entorno— y optan por resignarse a un presente mediocre por no arriesgarse a soltar lo que tienen...

También es desapego desprenderse de lo previsible y seguir el llamamiento del propio corazón. Hablamos de no dejarse guiar por el peso de las posesiones materiales o de una posición social, ni dejarse frenar por el condicionamiento de un origen o de un mandato familiar; hablamos de ser capaces de seguir, por ejemplo, una vocación impulsada por los sentimientos, la intuición o los ideales.

En la película *Vete y vive*, dirigida por Radu Mihaileanu, se relata la historia real de Schlomo, un joven etíope adoptado por una familia judía de Tel Aviv, que pelea por integrarse en la comunidad que lo adoptó salvándole la vida. En este proceso, se convierte en médico, se casa y forma su propia familia. Todo parece ir bien. Pero, en su interior, tiene un asunto pendiente, él quiere volver a su África natal, encontrar a su madre biológica y ejercer allí su profesión...

Parece una locura, pero nada ni nadie será capaz de detenerlo, quizá porque no puede ni quiere renegar de su identidad o de lo que intuye es su verdadero destino...

Cada persona merece, puede y debe escribir una historia única para su vida, como bien dice Hugh Prather, y para eso debe aprender que sus posesiones jamás deberían encabezar sus prioridades.

Como dicen los sufís:

> **Lo único que verdaderamente es tuyo es aquello que no podrías perder en un naufragio.**

CAPÍTULO 4

Ahora es tu momento

Defender tus sueños

Este capítulo habla, como se lee en el título, de los sueños, pero no tanto de aquellos que acompañan nuestras noches bien dormidas, sino especialmente de los que aparecen y se meten en nuestras vidas cuando estamos más despiertos; aquellos sueños que encarnan nuestros más queridos deseos y proyectos.

El 28 de agosto de 1963, durante una histórica manifestación en defensa de los derechos civiles de los negros en Estados Unidos, el reverendo Martin Luther King Jr. pronunció el más recordado de sus discursos públicos, frente al monumento a Abraham Lincoln en Washington, ante una multitud expectante. Sus palabras no sólo impactaron enormemente a las doscientas mil personas que se habían reunido para escucharlo, sino que dejaron también una huella imborrable en los muchos que veíamos el discurso por televisión en ese mismo momento y en cada uno de los que después lo leerían en las primeras páginas de todos los periódicos del mundo.

En ese discurso, el reverendo King comenzaba diciendo:

—¡Yo tengo un sueño!

Y seguía Martin Luther King:

—Sueño que un día los hijos de los antiguos esclavos y los hijos de los antiguos dueños de esclavos puedan sentarse juntos a la mesa de la hermandad.

En aquel entonces, hace apenas cincuenta y cuatro años, en algunos estados de Estados Unidos las diferencias raciales y la discriminación eran la norma y no la excepción, a veces avaladas por leyes legitimadas por el Congreso de esos estados. La magnitud de la ignominia era tal que si, por ejemplo, un hombre de color osaba casarse con una mujer blanca, la ley determinaba que se debían mandar a prisión por lo menos tres años.

Los motores del cambio

El sueño de Martin Luther King cambió su país y, desde allí, el mundo.

Muchos de los marginados del planeta son ahora más libres y pueden compartir un asiento de un restaurante, de una iglesia o de un autobús porque un día un hombre de color con agallas tuvo un sueño. Un hombre que, afortunadamente, no ha sido el primero ni el único soñador de la historia y que, como muchos otros, ha trascendido su tiempo haciendo realidad su fantasía, como para que no olvidemos que los sueños son la primera herramienta de transformación del mundo en que vivimos. A veces los sueños tienen el don de convertirse en semilla de nuevas realidades.

Y por supuesto, no fue el único en caminar por ese estrecho sendero. Cuando las más objetivas de las evaluaciones del afuera indicaban que no se podía esperar más que lo esperable, Mahatma Gandhi, el médico Jonas Salk, Thomas Alva Edison o la Madre Teresa levantaron las banderas de sus sueños y se animaron a cambiar la realidad que parecía inamovible.

Rompiendo con los esquemas de lo preconcebido, abandonaron la resignación y consiguieron que el mundo se volviera más parecido a lo que habían soñado.

Fueron SUS sueños los que los llevaron a actuar y fueron las acciones que aquellos inspiraron, las que construyeron mundos más habitables.

Creadores de realidad

Nosotros no somos héroes, pero también soñamos y, por lo dicho, deberíamos asumir entonces que también nos corresponde un pedazo de responsabilidad; no sólo con lo que nos pasa personalmente, sino también

con todo lo que sucede a nuestro alrededor, aunque aparentemente no nos involucre.

Claro que no es suficiente con soñar, pero sin un sueño será imposible poner en marcha todo lo demás.

Uno de los pioneros de la literatura de autoayuda, el estadunidense Napoleon Hill, dedicó varios años de su vida a entrevistar a las personalidades más renombradas y exitosas de su época. Según él mismo relata, fue a partir de lo aprendido en esas conversaciones que decidió poner por escrito lo que, editado en conjunto, pretendía ser la descripción de una especie de fórmula para el éxito. Basándose en la experiencia de sus entrevistados, Hill exhorta a quienes leen sus libros a mantener una mirada positiva del mundo y a luchar por los propios sueños: "Veo en ellos [los sueños] la manifestación más auténtica de nuestra alma y los esbozos tangibles de cualquier futuro logro".

Sin duda, nuestros sueños son algo que debemos atesorar. ¡Qué sería de nosotros si los perdiésemos o los dejásemos por allí en el olvido, sepultados bajo el aluvión de compromisos y urgencias cotidianas! Sin ellos, nuestras vidas probablemente se volverían grises y monótonas; comenzaríamos a sentirnos aburridos, carentes de impulso; seguiríamos hacia adelante pero movidos tan sólo por la inercia y por la rutina del día a día.

Aunque como es obvio, para mí al menos, sólo atesorarlos no parece ser suficiente. Guardarlos como joyas en una pequeña caja, que sólo abramos para contemplarlos por un momento, terminará invariablemente conduciéndonos a la desazón.

Si queremos que nuestros sueños sirvan para revitalizar nuestra manera de estar en el mundo,
    si queremos que sean motor y combustible de nuestras vidas,
    si queremos poner vida a nuestros años —y no al revés, como dice la canción—,
    deberemos ponernos a trabajar en nuestros sueños.

Y esto implica animarse a transformar los sueños en proyectos, como veremos más adelante, y a permitir que éstos se manifiesten en acciones congruentes determinadas por su fin.

¿Por qué hablo otra vez de animarse? ¿Cuál es el peligro de sacar los sueños de su lugar seguro junto a nuestro corazón para ponerlos en marcha?

Te cuento: mientras mis sueños estén en el campo de lo imaginario, mientras sean sólo fantasías, no correrán ningún riesgo. Podré conservarlos allí "congelados" para consolarme al pensarlos, excepto evocarlos o compartirlos cada vez que la realidad de mi existencia no me satisfaga demasiado.

Pero si decido activarlos, podrán destrozarse contra el muro de la realidad de un fracaso y dejar atrás sólo las cenizas de su fuego. En la realidad, las cosas nunca son exactamente como uno deseaba o no se producen en los plazos que uno había imaginado: los demás, que con todo derecho están persiguiendo sus propios sueños, no siempre están deseosos o ansiosos por colaborar con nosotros —por no hablar de los que se empeñan en boicotear los sueños ajenos— o, simplemente, puede que la posibilidad fáctica de nuestro sueño sea nula.

En el mundo real, encontraremos, por tanto, las dificultades y las limitaciones de toda tarea. Será nuestra decisión y responsabilidad actuar en coherencia con el deseo de hacer realidad un sueño, descubriendo que la primera y más importante decisión está en el compromiso con que nosotros —los soñadores— trabajemos activamente en la dirección acertada y en nuestra valentía para afrontar el riesgo que conlleve nuestro camino.

La experiencia como terapeuta me ha enseñado que no es un tema menor, animarnos a compartir con otros nuestro sueño y nuestro compromiso, aunque sólo sea con los más cercanos a nosotros. Del mismo modo que anunciar a amigos, familiares y conocidos que dejamos de fumar nos ayuda a llevar adelante esta decisión, compartir públicamente nuestros sueños más complicados o sofisticados puede ayudarnos y, de hecho, ayuda a que podamos hacerlos realidad.

Para muchas personas ha sido útil llevar un pequeño diario de "apuntes de soñador", en el que puedan escribir de su puño y letra los propios sueños, así como los planes para lograrlos, los avances progresivos en el camino y hasta, quizás, una fecha de plazo para cumplirlos. Pero atención, porque, para que lo dicho funcione como ayuda y no como un estigma persecutorio, es imprescindible recordar siempre que todo lo anotado puede y debe ser cambiado o adaptado a las circunstancias si éstas así lo aconsejan o si la realidad así lo impone. No es lo mismo "planificar" que "planear", y me propongo siempre la última: volar sin motor, permitiendo que los vientos sostengan mi vuelo.

El miedo es el gran obstáculo a la hora de hacer realidad un sueño y hacia él deberíamos apuntar el siguiente paso de nuestro desafío. El miedo paraliza la acción, opaca la más sana de las ambiciones y entorpece la creatividad. A veces mostrándonos su cara más cruel y otras escondido en forma de pesimismo, pereza, postergaciones o timidez, el miedo nos conecta con nuestros fantasmas internos: el fracaso, el rechazo, el cambio, el riesgo, la crítica. La batalla contra el miedo comienza, en este caso, simplemente por aceptar que su presencia es parte de la respuesta normal al desafío que

el sueño plantea. Pero cuídate muy bien de que tu sueño sea una elección y no una huida. Una vía de escape no es una elección sino una alternativa y, como tal, dista mucho de ser la mejor compañía para un sueño. Piensa en el placer de ir en esa dirección y no sólo con el alivio de dejar esta realidad en la que vives.

Ahora sí, después de tanta palabra:

¿Qué harás a favor de tu sueño?

No lo decidas desde la urgencia de conseguir un resultado sino desde la importancia de saber que estás en esa dirección. Comenzar con pequeños pasos nunca es una mala idea si permites que esto te lleve al momento de dar los pasos más grandes.

Y alégrate de lo que has conseguido cuando hayas logrado un cambio aunque lo logrado no sea igual a lo soñado, ya que ése es el éxito de estar en el camino; se debe poner el acento en el avance y no en los detalles que diferencian el sueño de lo conseguido. No gastes más energía en hacer coincidir cada arbolito, cada florecita y cada nube con la imagen de tu lugar soñado. Si estás allí, celebra haber llegado y usa la fuerza de esa alegría para ocuparte de tus nuevos sueños. Recuerda que posiblemente tus sueños más soñados sean también el sueño de muchos otros...

Un antiquísimo cuento chino nos propone una mirada interesante acerca de este punto.

Había una vez, un joven que soñaba con ser el más grande arquero de toda China. Buscó, entonces, al más viejo entrenador de arqueros y le declaró sus intenciones.

—Si quieres aprender a disparar como sueñas hacerlo —dijo el maestro—, primero debes aprender a ver la realidad con los ojos de un arquero.

—Comprendo, maestro —dijo el discípulo—. ¿Qué debo hacer?

—La primera tarea es la siguiente —contestó el maestro—, atrapa un piojo y tráemelo.

Cuando se lo llevó, el maestro le ordenó:

—Ahora quiero que le ates este hilo de seda alrededor de su cuerpo, sin hacerle daño.

Dicen que seis meses le llevó al joven atar el delgado hilo alrededor del insecto… Y cuando lo hubo hecho, volvió a presentarse ante el maestro.

—Ahora —dijo el anciano—, debemos asegurarnos de que el piojo está bien. Cuenta los latidos de su corazón y cuando tengas idea de cuántos son, vuelve a verme.

El joven regresó a su hogar, pensando que quizás el maestro estaba tomándole el pelo, pero de todas formas, disciplinado como era, se abocó a la tarea de mirar fijamente al piojo. Todos los días, durante varias horas, trataba de distinguir pequeños movimientos en el pecho del insecto. A fuerza de perseverancia, un año más tarde, el discípulo había logrado detectar con sus ojos esas variaciones en el cuerpo del piojo y contar sus latidos.

Volvió entonces a casa del maestro y le dio la información exacta.

—Ya estás listo —dijo el maestro.

El anciano caminó unos cincuenta pasos hasta un árbol en su jardín y ató el extremo libre del hilo de seda a una rama, de modo que el minúsculo piojo quedó colgando. Regresó al lado del joven, le tendió un arco y una flecha y le dijo:

—Toma. Atraviesa el piojo sin cortar el hilo.

Al joven primero le pareció una tarea imposible y luego una locura, pero no estaba dispuesto a abandonar su curso de arquería ni se sentía con derecho de cuestionar la orden de su maestro. Con lógico escepticismo, fijó la mirada en el piojo, que colgaba del delgado hilo.

Y de pronto, para su sorpresa, se dio cuenta de que, a pesar de la distancia, podía ver el insecto con total nitidez. El joven levantó su arco, apuntó al piojo y disparó su flecha. La saeta atravesó al insecto, dejando intacto el hilo de seda.

Emocionado, el joven se arrodilló ante el anciano y dijo:

—Agradezco a los dioses haber hecho realidad mi sueño más deseado, ¡aprender con un maestro tan grande como tú!

El maestro lo hizo levantarse y respondió:

—Es un doble sueño realizado, entonces: ¡también yo soñaba desde hace mucho con tener un discípulo como tú!

La conciencia de que nuestro tiempo no es infinito puede ser un buen incentivo. La vida no es un ensayo y, desde el análisis más obvio, podríamos considerarla como una oportunidad única para hacer realidad todo lo que hemos soñado. Como decía el escritor Ambrose Bierce, para hacer realidad los sueños, primero es imprescindible despertar.

Descubrir el valor

Escribo este capítulo desde la ciudad de Durango, en México, donde trabajo desde hace unos años llevando adelante un proyecto centrado en el concepto de desarrollo humano de las Naciones Unidas y focalizado en la población con más carencias del estado. Con la ayuda de un grupo de jóvenes de la Universidad Juárez, comenzamos por intentar sacar a la luz los problemas que angustiaban, preocupaban y martirizaban a los duranguenses mayores de 20 años. Encaramos, pues, la ardua tarea de hacer una encuesta exhaustiva entre los habitantes del municipio. Para sorpresa de todos nosotros, la mayor preocupación no estaba centrada en lo económico (como suponíamos que iba a suceder), ni en la inseguridad cotidiana (Durango fue una zona muy castigada por la delincuencia organizada en los años 2010 y 2011); la mayor preocupación estaba centrada en la felicidad y la educación de los hijos y su futuro. Prácticamente todos manifestaban como deseo saber que cada uno de los que les seguían podrían desarrollarse mejor que ellos mismos y que las generaciones anteriores.

Cuando se les preguntaba si tenían esas mismas angustias y preocupaciones para sí mismos, la enorme mayoría de los entrevistados, a pesar de estar en edades muy activas, contestaba con evasivas o respuestas vagas, volviendo a su inquietud por los hijos, por los más jóvenes.

Los entrevistadores y yo elaboramos entonces un cuestionario que forzaba a dar alguna respuesta sobre las expectativas que los encuestados tenían respecto de su propia realidad en el futuro. Nos encontramos entonces con un alarmante porcentaje de ciudadanos que respondían con frases de este estilo:

"Para mí ya es tarde", "Yo no tengo capacidad", "Yo no podría", y la peor... "Quién me daría a mí una oportunidad".

Era obvio que gran parte de los entrevistados tenía un grave problema con la propia imagen, con la valoración de su potencial, con la posibilidad de ser cómplices de su cambio y hasta con el reconocimiento de su derecho de vivir mejor.

Planificando con la universidad la tarea de diseñar un plan para ayudar a mejorar estos datos, pensamos en instrumentar talleres de crecimiento personal dirigidos a todos los estratos de la sociedad, sabiendo que una mejoría de la calidad de vida y el inicio de la acción para cambiar lo que no nos gusta de nuestra vida, no puede apoyarse más que en un buen caudal de autoestima. Autoestima entendida como la idea de saberse valioso, útil, necesario e irreemplazable, merecedor de todo lo bueno y con una capacidad infinita de aprender y crecer.

Estos problemas, por supuesto, no son patrimonio exclusivo de los hermanos mexicanos de bajos recursos o instrucción; es el indicador de un deterioro injusto de nuestra sociedad, especialmente la de los países menos desarrollados, es cierto, pero no sólo de ellos. Es un problema de toda la humanidad pero eso no es consuelo cuando impacta cruelmente en personas tan comunes como tú o como yo. Tres de cada cuatro personas se sienten con frecuencia postergadas, maltratadas, ignoradas o menospreciadas; se quejan con razón de ser tan pocas veces escuchadas, reconocidas y tenidas seriamente en cuenta; reclaman no recibir nunca, en ningún ámbito, ni siquiera el más íntimo, palabras de agradecimiento por su tarea.

Algunos de los que escucharon del proyecto, sabedores del valor que doy a la crítica, preguntaron si unos simples talleres de autoestima, sin pretensión terapéutica, servirían de algo. Los colegas terapeutas, que reconocían el valor de una buena autoestima, sostenían (y yo estaba de acuerdo) que algunos pocos encuentros, por positivos que fueran, no podían ser suficientes y no serían capaces de rellenar la carencia de un buen proceso terapéutico.

Otros, al fin, opinaban que esta propuesta era como intentar reemplazar mediante cosméticos y maquillaje la deseada belleza que Dios, a algunos, no nos dio al nacer (obviamente, la metáfora no era feliz, ya que la definición de belleza es, en sí misma, el más discutible de los conceptos), pero entendí lo que se quería plantear.

Argumenté frente a todos que la autoestima, la verdadera y sana autoestima, es un espacio que nos modifica con sólo acariciarlo. Y recordé el planteamiento que mi colega, la doctora Fabiana Monteiro, hiciera un día en una conferencia que abordaba el tema de ser mujer en un mundo machista, evocando la antigua y bien conocida historia de Cenicienta.

Para poder decirte lo que quiero decirte, acompáñame en este planteamiento, quizás un poco provocativo, pero no falto de verdad.

Cenicienta es una pobre muchacha que vive con su malvada madrastra y sus hijas. Ella y sus odiosas hermanastras la obligan a realizar las duras tareas del hogar propinándole todos los malos tratos de que son capaces. Un día llega la noticia de que el príncipe organiza un baile al que todas las muchachas del pueblo están invitadas. Todas irán a la fiesta; todas, menos Cenicienta, claro. Aunque se lo permitieran, ¿cómo podría asistir vestida con esos roídos y cenicientos harapos que le dan su nombre?

Cuando las tres mujeres parten y la muchacha se queda sola, mágicamente aparece el hada madrina para ayudar a Cenicienta. ¿Y qué es lo que hace? La viste. Hace aparecer un hermoso vestido, unos delicados zapatitos de cristal y algunos accesorios (el carruaje y el resto de parafernalia). Todos conocemos cómo continúa el cuento: Cenicienta va al baile y el príncipe cae rendido ante su hermosura. Pero se hace tarde y suenan las campanadas de medianoche. Todo el atuendo está a punto de desaparecer y Cenicienta teme que el príncipe la vea como realmente es. La muchacha huye, por supuesto, dejando tras de sí un zapatito de cristal.

El príncipe encuentra el zapato olvidado y se propone encontrar a la misteriosa y bella muchacha del baile. Una a una, las jóvenes del pueblo son convocadas para probarse el zapato de cristal hasta que, cuando el pie de Cenicienta encaja a la perfección en él, el príncipe la reconoce:

"Eres tú", le dice. "Tú eres la muchacha del baile." Se casan y viven felices para siempre.

Poco más o poco menos, ésta es la historia que todos y cada uno de nosotros hemos leído o escuchado alguna vez cuando éramos pequeños.

Pero ¿cuál es el mensaje que este cuento deja en la memoria de los más pequeños? ¿Querrá decir que para que un príncipe se enamore de una joven ésta debe ser una princesa, y que si no lo es, debería disfrazarse de una?, ¿o todo lo contrario? ¿Querrá señalar que si alguien se enamora de ti, aunque te encuentre vestido con harapos, seguirá viéndote apuesto o hermosa, ya que frente al amor tu apariencia no es importante?

Seguramente sí, ambos mensajes están ocultos en la historia, pero quizás haya algo más.

Intenta responder a esta pregunta: ¿por qué el zapato de cristal no desaparece? Todo lo demás se desvanece en cuanto suenan las campanadas de medianoche: el vestido, el carruaje, los caballos... ¡todo! Sólo el zapato permanece.

Razonemos con la doctora Monteiro: si el zapato de cristal no desaparece, habría que pensar que a diferencia de las otras galas que llevaba Cenicienta, el zapato no era ilusorio sino real, y aunque, ciertamente, no existía antes de que el hada lo creara, el bendito pedazo de cristal se convirtió en verdadero, al hacerlo suyo Cenicienta. Es decir que comenzó siendo una ilusión, pero acabó transformándose en una realidad tangible y duradera.

Ahora bien, ¿qué representa el famoso zapato?

El cuento sugiere que es la condición de princesa de la joven. Y si es así, debemos asumir que el cuento devela claramente que la magia del hada no consiste en hacer que Cenicienta parezca una bella princesa con ese vestido, ese carruaje y todo lo demás, sino en lograr que la bella princesa que estaba en ella fuera revelada.

La doctora Monteiro propone simbolizar en el cuento la importancia y la trascendencia de descubrir la propia femineidad. Yo, con todo respeto, quisiera quitarle el peso del género y animarme a proponerte que veas en ese zapato, que no desaparece una vez usado, a la propia autoestima: la de las mujeres y los hombres, la de los países y la de toda la sociedad.

Estoy diciendo con toda conciencia y responsabilidad que:

> **Descubrirnos valiosos, deseados, queridos y necesarios es un camino sin retorno.**

Y aun admitiendo que los cuidados de la imagen portan en sí un concepto bastante vano de la lucha por el propio lugar o el reconocimiento del entorno y su aceptación, hay cierto aspecto para nada glamoroso en estos cuidados "superficiales". Quizá como la magia del cuento, los cuidados estéticos pueden en determinado momento permitir que se exprese y revele lo mejor de nosotros; quizá, como sucede con el zapato de cristal, una vez expresado y consciente se vuelva realidad. Si conversas con los mejores profesionales del maquillaje y la estética, ellos te dirán que nunca usan su arte para transformar a su cliente en lo que no es, sino para resaltar los rasgos de belleza que el otro lleva consigo cuando se pone en sus manos. ¡Ésa es la idea!

Decía Heráclito: "Nadie puede bañarse dos veces en el mismo río", significando que el agua que corre entre nuestros pies nunca es la misma, el río ha cambiado y la persona que toma el baño, es decir, cada uno de nosotros, tampoco es exactamente como era la primera vez que se sumergió en él. El descubrimiento de que podemos, aunque sea por un solo momento, sentirnos valiosos, útiles, potentes, capaces y apreciados por lo que somos puede representar (y de hecho representa) un verdadero acto mágico o alquímico, transformando algo de aquello que al principio podía parecer una ilusión en la más fiel expresión de la verdad y de su auténtico ser.

No dudo de que el proceso continuo y profundo de trabajar las raíces de la falta de valoración de uno mismo y la exploración interna de la fuente donde nace ese cierto desprecio de los propios recursos es el mejor camino. Pero sostuve y sostengo que si en un encuentro único con alguien que yo valoro, en una experiencia útil e intensa, viendo una película motivadora, hojeando un buen libro, y hasta leyendo un libro como éste, alguien se asoma a su mejor autoestima, aunque sea durante un instante, lo que sigue, estoy seguro, nunca será igual.

Abrirse

Nadie puede dudar de la obvia necesidad e importancia del encuentro genuino entre las personas. De nuestros vínculos con otros dependen nuestro aprendizaje, nuestro crecimiento, el placer de dar y la satisfacción de compartir lo que tenemos.

Es obvio también que sin apertura hacia los demás no puede haber encuentro, es decir, no puede construirse ni revelarse ese "nosotros" imprescindible para trascender las estructuras de nuestro propio y, en principio, más que limitado ego. Por eso, ser capaz de desarrollar la habilidad y confianza para abrir nuestro corazón a los demás es condición para edificar una vida sana tanto personal como socialmente.

Ciertamente, si no nos animamos a abrirnos a algún maravilloso "nosotros" aunque sea pequeño y efímero, nos sentiremos presos, nos sentiremos inseguros, nos sentiremos mendigos, aunque nuestra casa, nuestra cuenta bancaria y nuestro garaje estén llenos de infinitos bienes materiales.

Muchos son los pensadores, filósofos y terapeutas que alertaron sobre lo necesario de mantener esta actitud abierta: Carl Rogers, Abraham Maslow, Margaret Mead, Fritz Perls, Leo Buscaglia, Daniel Goleman, Wayne Dyer y mi adorada Virginia Satir nos hablaron en todos los tonos acerca de cómo el encuentro afectivo y confiado entre las personas adiciona un sorprendente valor a la simple suma aritmética del Tú y Yo.

Superar el miedo al contacto

Todo lo dicho es verdad y en gran medida lo sabemos, y, sin embargo, en nuestro interior seguimos percibiendo a menudo ansiedad e inquietud frente a la posibilidad de un encuentro nuevo, con gente que no conocemos demasiado. Seguramente este miedo, por llamarlo sin eufemismos, está condicionado por la posibilidad de tener que enfrentarnos al más temido de todos nuestros fantasmas internos: el fantasma del rechazo y del abandono, el único que nos asusta todavía más que el temido monstruo de la soledad. Pero sería bueno saber que, en un alto porcentaje, el miedo a abrir nuestro corazón está íntimamente ligado a un temor que camina justamente por la acera opuesta.

Todo vínculo, cuando implica un sincero encuentro íntimo, evoca una cuota de ternura, de compasión, de mutua influencia y de ensamble con otros que también asusta. Y que conste que estoy dejando fuera de la lista a la actitud de huida; la de aquellos que sólo piensan en escapar cuando se trata de asumir la responsabilidad y el compromiso que significa intimar.

Lo cierto es que por miedo o por condicionamiento, las estadísticas nos confirman que tenemos una creciente dificultad para abrir nuestro corazón al contacto profundo y genuino; tanto con conocidos como con desconocidos. Y estas cosas suceden, como dije, por nuestra falta de un verdadero compromiso con el amor.

Un entorno complejo

Las relaciones de pareja son cada vez más difíciles; las relaciones de padres e hijos, cada vez más conflictivas, y las relaciones familiares, cada vez menos sólidas. Nos guste o no, las últimas mediciones dicen que, en las grandes ciudades de Occidente, la mitad de todos los niños vive en hogares donde está ausente uno de sus padres biológicos como consecuencia de que dos de cada tres nuevos matrimonios termina en divorcio.

Los nuevos modelos de vinculación basados en encuentros ocasionales descomprometidos sustituyen muchas veces a las relaciones duraderas y trascendentes.

Y sin embargo, cada vez más hombres y mujeres siguen apostando por la pareja y anuncian a viva voz su deseo de encontrar al compañero de ruta indicado. Cada vez más personas, a veces sin tener el apoyo de un compañero o compañera, deciden hacerse cargo del cuidado, la educación y el futuro de un niño. Cada vez más, la ayuda de un consejero o terapeuta es buscada para no resignarse frente a las dificultades.

Es verdad que cualquiera que trabaje en un grupo humano dentro de una empresa podrá quejarse de que la relación con colegas y compañeros se convierte por momentos en salvajemente competitiva. Se hace más y más clara la contradicción suprema de una sociedad que se dice preocupada por la peligrosa tendencia al aislamiento del hombre contemporáneo pero trabaja y construye entornos cada vez más tecnológicos, cada vez más robotizados y cada vez más enajenantes.

¿Dónde se encuentra el amor?

En un ejemplo inolvidable de los conceptos contradictorios de nuestra sociedad, Leo Buscaglia relata la anécdota de un joven que, decidido a aprender a relacionarse mejor con las muchachas de su curso universitario, se dirige a una librería porque, sintiéndose incapaz de buscar a quien le pueda enseñar lo que no sabe, supone que una gran bibliografía podría ser la llave que lo ayude. Finalmente, en un estante perdido en el fondo de la librería encuentra un libro cuyo título lo atrapa, Se llama *Desde abrazar hasta amar*. El joven compra el grueso volumen y regresa a la casa satisfecho. Sólo al sentarse en el sillón de su casa para disfrutar del libro se da cuenta de que ha comprado el segundo tomo de una enciclopedia.

Todos nos necesitamos

Allan Fromme solía decir que su más dolorosa soledad la encontraba cinco veces por semana en pleno Manhattan cuando, de regreso a su casa, en la hora pico, se encontraba rodeado de ocho millones de seres que también estaban solos. Pero a mí me parece que tener conciencia de esto no sólo representa el mínimo consuelo de sentir que por lo menos "no estamos solos en nuestra soledad", sino que me abre la puerta, si yo lo permito, a encontrar aunque sea una excusa para abrir mi corazón a otros que me rodean. Si me doy cuenta de que padecen lo mismo que yo y seguramente me necesitan tanto como yo a ellos, tendré un motivo más para acercarme.

Alguna vez escribí que leer un libro era como encontrarse con una persona. Decía yo, en aquel entonces, que había libros sorprendentes y libros aburridos, libros para leer una sola vez y libros a los que uno siempre quisiera volver; libros, al fin, más nutricios que otros. Hoy, veinte años después, digo lo mismo desde otro lugar: encontrarse con otro es como leer un libro.

Pero agrego… y sólo se puede disfrutar o aprender algo de él si nos abrimos a descubrir lo que nos trae. Bueno, regular, malo, cada encuentro con otro me nutre, me ayuda, me enseña, si yo abro la puerta a su presencia.

Un gran amigo, el licenciado Enrique Mariscal, me enseñó, en una tarde de lluvia y charla en Buenos Aires, que las personas, como las plantas, necesitan del agua para crecer, aunque no sólo el agua de la lluvia o de los grifos, sino de otro tipo de agua, con una fórmula parecida (H_2O), pero compuesta por otro tipo de elementos. No se trata de dos átomos de hidrógeno y uno de oxígeno, sino de una parte de humildad, una de honestidad y una de osadía.

Y es una verdad tan encantadora como esclarecedora, pero ¿qué tipo de osadía requiere la vida? ¿Para qué deberemos ser valientes? ¿Cuál es la cuota de coraje que se nos suele reclamar?

No tengo duda de que una parte de ese valor es la decisión de enfrentar el rechazo de otros o el desamor de algunos.

No es la maldad, la inadecuación ni la incompetencia del prójimo lo que hace que una relación fracase. El fracaso, si es que queremos llamarlo así, es la expresión que usamos para decir que el vínculo ha dejado de ser nutritivo para alguno de los dos y que alguno o ambos hemos cerrado nuestro corazón a la presencia del otro.

No es que esto sea censurable —de hecho no somos para todos todo el tiempo ni todos son para nosotros todo el tiempo—, pero es necesario recordar que no podremos seguir cerrados para todos ni estar encerrados en nosotros todo el tiempo.

El sentido de la intimidad

Cuando tomamos conciencia de que cada encuentro con alguien es algo importante en sí mismo, aprendemos a valorar el aprendizaje, la tolerancia y el respeto por las diferencias que necesita la entrega. Descubrimos el valor de haber corrido los riesgos de abrirnos al encuentro. Podemos cosechar cada vínculo como una lección de vida que nos conduce a ser mejores personas día a día.

Como escribió Virginia Satir:

> Estar en contacto íntimo no significa abusar de los demás ni vivir feliz eternamente. Es comportarse con honestidad y compartir logros y frustraciones. Es defender tu integridad, alimentar tu autoestima y fortalecer tus relaciones con los que te rodean. El desarrollo de esta clase de sabiduría es una búsqueda de toda la vida que requiere, entre otras cosas, mucha paciencia.

Las relaciones íntimas tienen como punto de mira el desafío de no quedarse en la superficie del vínculo, y es esta búsqueda de profundidad la que les da la estabilidad para permanecer y trascender en el tiempo. Una relación a corazón abierto es un vínculo afectivo que sale de lo común porque empieza en el acuerdo tácito de la cancelación del miedo a exponernos y se sumerge en el compromiso de ser quienes somos, permitiendo y ayudando a que el otro, los otros, todos, también puedan sentirse en libertad de ser quienes auténticamente son.

En todo caso, según mis propias definiciones, eso es el amor:

La decisión de trabajar para crear un espacio de libertad para otro,
aun sabiendo que sus elecciones quizá no me incluyan.

Un futuro más feliz

No se trata de perseguir lo que no tenemos, porque la felicidad no depende de un logro, una posesión o una meta conquistada. Se trata de comprender que la felicidad es algo que sucede de la piel para adentro.

Hace ya diez años, cuando estaba a punto de publicar el cuarto y, suponía yo, último libro de la serie de Hojas de ruta, una gran amiga, escritora y cuentacuentos, Vivi García, me mandó un relato de su autoría que quizá no de casualidad hablaba sobre ser feliz y abre, a modo de epígrafe, el texto de *El camino de la felicidad*. El maravilloso relato es éste:

Una tarde, hace muchísimo tiempo,
Dios convocó a una reunión.
Estaba invitado un ejemplar de cada especie.
Una vez reunidos, y después de escuchar muchas quejas,
Dios soltó para cada quien una sencilla pregunta:
"Si pudieras elegir, ¿qué te gustaría ser?"

Cada uno de los presentes
respondió sin tapujos y a corazón abierto:

La jirafa dijo que le gustaría ser un oso panda.
El elefante pidió ser mosquito.
El águila, serpiente.
La liebre quiso ser tortuga;
y la tortuga, golondrina.
El león rogó ser gato;
y la nutria, carpincho.
El caballo, orquídea.
Y la ballena solicitó permiso para ser zorzal...

Le llegó el turno al hombre,
quien incidentalmente venía de recorrer
el camino de la verdad.
Quizá por eso, hizo una pausa,
y esclarecido exclamó:
Señor, yo quisiera ser... feliz".

Una maravillosa síntesis que, en la belleza de su poesía, dice casi todo lo que deberíamos saber acerca del gran desafío de ser feliz. Nos hace saber, por ejemplo, que la felicidad nada tiene que ver con el deseo de dejar de ser lo que cada uno es, sino, por el contrario, con ser auténticamente uno mismo. Nos hace saber que el camino que conduce a la deseada felicidad comienza siempre con la propia decisión de ser feliz, asumiendo la responsabilidad de esa elección.

Nos abre los ojos, finalmente, a una verdad incuestionable: pocas cosas existen más deseables e importantes en esta vida que el deseo de ser feliz. Si nos dijeran que podemos hacer realidad un solo sueño, ninguno sería más apropiado que el deseo de ser feliz.

Muy lejos de la maravilla de este relato de Vivi queda, para los que no tenemos el don de la poesía, explicar con nuestras aprendidas palabras el sentido que hoy damos a la tan buscada felicidad.

Quizá valga la pena aclarar, una vez, que el concepto coloquial de la felicidad poco tiene que ver con la felicidad auténtica, verdadera y trascendente a la que me refiero. Estamos acostumbrados a hablar de felicidad como sinónimo de alegría, de risa, de fiesta, de festejo, y no es así. La felicidad de la que hablo, es otra cosa y se parece más a la serenidad que a la euforia. La felicidad es esa sensación de plenitud que se siente cuando lo que soy, lo siento y lo que hago están en una misma línea, cuando sé que estoy en el rumbo correcto, cuando tengo la certeza de que no estoy perdido.

Es evidente que aquellos que piensan en ser feliz como sinónimo de estar alegres, creerán que la felicidad son sólo momentos y por supuesto que no es así. Se puede conquistar (y doy testimonio de ello) ese espacio en el que puedo estar triste sin dejar de ser feliz por ello.

Cada vez que digo frente a un grupo, sean amigos, colegas o pacientes, que irremediablemente somos responsables de nuestra felicidad y, por añadidura, responsables de cómo nos va en la vida, escucho el murmullo de desacuerdo y escéptico de algunos de los presentes y el reclamo quejoso y protestón de casi todos los demás.

Algunas veces, quizá sólo para provocar el debate que mucho me interesa, me animo a preguntar, casi sabiendo la respuesta:

—¿Qué sucede? ¿No están de acuerdo?

Con algo de duda y mucho de cortesía, la respuesta siempre es la misma:

—Sí… Bueno… de alguna manera…

Y yo, como siempre, leo en esa respuesta "diplomática" que, más allá de sus dudas, creen que no, pero saben que sí.

Y es que todos sabemos, aunque nos duela aceptarlo, que por acción o por omisión, por decisión previa o posterior, por dejar pasar o por haberlo producido, siempre somos parte de lo que nos sucede. Pero claro, es muy duro aceptarlo; así, sin peros… tal vez sea porque esta declaración de involucración inapelable nos confronta con la responsabilidad de cambiar lo que no está bien… y no sólo en nuestro microcosmos, sino en la vida de todos y todo el tiempo.

Quizás asumir de plano tanta responsabilidad nos obliga a aceptar cierta complicidad en cada una de nuestras frustraciones.

Nos duele, nos molesta, nos irrita y nos subleva que las cosas no sucedan como soñamos, como deseamos, como deberían suceder o como nos convendría que sucedieran.

En la vida real, la de todos los días, a pesar de nuestra queja, las cosas difícilmente salen exactamente como deseábamos, y cuando se asemejan a eso, no ocurren en los plazos que habíamos imaginado.

La duda, la indecisión y el miedo nos frenan demasiado a menudo para poder actuar adecuadamente ante la realidad a la que nos enfrentamos.

Por si fuera poco, a nuestro alrededor están "los demás", que, con todo derecho, están persiguiendo sus propios sueños, no siempre deseosos o ansiosos de colaborar con nosotros (por no hablar de los que están prolijamente abocados a boicotear los sueños ajenos).

Lo cierto es que, muchas veces, la posibilidad fáctica de que nuestro deseo se cumpla en este momento es prácticamente nula. Lo cierto es que,

en el mundo de lo cotidiano, siempre encontraremos dificultades, obstáculos y limitaciones para hacer realidad un sueño, cumplir un deseo o, simplemente, poder seguir nuestro camino sin perder el rumbo, y tendremos que elegir cada vez más conscientemente entre dos actitudes:

1. Culpar al exterior y pedirle o esperar que cambie.
2. Hacernos partícipes de la frustrante realidad y ser cómplices de ese cambio, es decir, tomar una decisión y asumir la responsabilidad de actuar en coherencia con mis deseos trabajando activa y comprometidamente en esa dirección, afrontando el costo, el riesgo y el trabajo que conlleva ese camino.

La tradición de todos los pueblos encierra su sabiduría y nos la lega en costumbres, en maneras de actuar, en leyendas y en frases que nos siguen sorprendiendo por nuestro prejuicio y tendencia a despreciar lo primitivo, lo ancestral, lo viejo o, peor aún, como sucede con las culturas prehispánicas, las desacreditamos o nos burlamos de ellas como alternativa intelectual para negar que de allí venimos y que eso somos.

Los indígenas de toda América adoraban la fuerza de la naturaleza y cantaban alabanzas al Sol, a la Luna, al Viento… A ellos imploraban una buena cosecha, un invierno benévolo o el favor de los vientos para que los llevaran a las costas más prósperas. Confiaban en sus favores con devoción; sin embargo, no dejaban de esmerarse para que esos dones pudieran manifestarse en toda su plenitud. Los araucanos, indígenas que habitaban al sur de Latinoamérica, creían que los dioses premiaban a los que limpiaban perfectamente la tierra de malezas y a los que trazaban los surcos del arado en perfecta simetría. La recompensa divina consistía en hacer más abundante la cosecha.

Muy lejos geográficamente, pero no tanto conceptualmente, el pueblo sufí, con mucha sensatez, deja una idea absolutamente emparentada cuando pone en boca de uno de sus más sabios maestros la siguiente recomendación:

Confía mucho en dios... pero ata tú mismo a tu camello.

Tal vez, no importe la correlación secuencial de los hechos, pero es evidente que la más efectiva de las tareas se lleva muy bien con el tiempo que le dedicas, con el interés que despierta en ti y con tu mejor aprendizaje o habilidad en el uso de las mejores herramientas.

Quizá por eso vuelvo una y otra vez a la frase de los indios sioux que compartió conmigo un hombre orgulloso de su raza en Estados Unidos:

Siempre será más fácil fabricarse un par de sandalias
que pretender tapizar de piel el camino.

No se trata de perseguir lo que no tenemos ni de fantasear sobre lo felices que seríamos si lo consiguiéramos. Se trata de comprender de una vez para siempre que la felicidad depende de lo que sucede de la piel para adentro, mucho más de lo que ocurre de la piel para afuera. Deberíamos recordar cada mañana que ser feliz no está necesariamente relacionado con la risa, la alegría, el baile o el festejo (aunque los que nos sabemos felices, ciertamente nos reímos más, festejamos la vida y estamos casi siempre dispuestos a compartir con los demás el placer de la vida danzando y cantando). Para mí y para muchos de mis maestros, la felicidad se parece más a la paz interior que a la alegría, no tiene tanto que ver con llegar a algún lugar, sino más bien con seguir adelante en el rumbo de aquello que da sentido a nuestra vida; no está relacionado con lo que logramos, sino con la certeza de no estar perdido.

Estas pocas palabras quizá puedan aclararnos por qué la felicidad la encuentra cada uno en su propio y personal camino y por qué es tan difícil que mi rumbo coincida al cien por ciento con el de otros. Qué bueno sería aprender y aceptar que aquellas decisiones que me permiten, quizá, sentirme el más feliz de los mortales pueden no ayudar a otros a sentirse felices ni siquiera por un momento.

No podemos hacer felices a otros, y nadie puede hacernos felices.

Como siempre digo, nadie puede hacer por ti lo que sólo tú puedes hacer por ti, y una de esas cosas es ocuparte de ser feliz. En mi propio camino me encontré un día con este pequeño texto que me ayudó a retomar el camino correcto y que hoy evoco para terminar este capítulo y este libro:

> **Con todo lo que tenía salí un día a comprar un final feliz, pero como no encontré ninguno que me llenara por completo, decidí invertir todo lo que tenía en comprarme un nuevo comienzo.**

Créditos de fotografías

Páginas 6-7: Rolf E. Staerk | Shutterstock.com

Página 10: Steven Maltby | Shutterstock.com

Página 13: Olga Kashubin | Shutterstock.com

Página 16: Catarina Belova | Shutterstock.com

Páginas 18-19: Vixit | Shutterstock.com

Página 20: Lena Serditova | Shutterstock.com

Página 23: Neirfy | Shutterstock.com

Página 27: Brian Kinney | Shutterstock.com

Página 28: Sergey Dzyuba | Shutterstock.com

Página 32: Alex Pfeiffer | Shutterstock.com

Página 36: Jan von Uxkull-Gyllenband | Shutterstock.com

Página 39: iravgustin | Shutterstock.com

Página 42: JustAnotherPhotographer | Shutterstock.com

Páginas 46: ermess | Shutterstock.com

Página 50: InnaVar | Shutterstock.com

Páginas 54-55: Kobby Dagan | Shutterstock.com

Página 56: Tyler Olson | Shutterstock.com

Página 59: Ditty_about_summer | Shutterstock.com

Página 62: Konstanttin | Shutterstock.com

Página 64: Stefano_Valeri | Shutterstock.com

Página 67: Aetherial Images | Shutterstock.com

Página 70: lensfield | Shutterstock.com

Página 71: Sergey Dzyuba | Shutterstock.com

Página 72: gualtiero boffi | Shutterstock.com

Página 75: Madrugada Verde | Shutterstock.com

Página 76: Ekaterina Pokrovsky | Shutterstock.com

Página 79: Zharov Pavel | Shutterstock.com

Página 80: Licvin | Shutterstock.com

Página 85: Gabriele Maltinti | Shutterstock.com

Página 87: Por Catarina Belova | Shutterstock.com

Páginas 88-89: cribe | Shutterstock.com

Página 90: GoodMood Photo | Shutterstock.com

Página 93: Radoslaw Maciejewski | Shutterstock.com

Página 97: Laborant | Shutterstock.com

Página 100: ivan bastien | Shutterstock.com

Página 102: Luca Ladi Bucciolini | Shutterstock.com

Página 105: Zhukov Oleg | Shutterstock.com

Página 109: cge2010 | Shutterstock.com

Página 110: Anibal Trejo | Shutterstock.com

Página 113: Dan Dragos | Shutterstock.com

Página 115: Timof | Shutterstock.com

Página 116: Meiqianbao | Shutterstock.com

Página 119: Benbinder | Shutterstock.com

Página 120: Garsya | Shutterstock.com

Página 125: Lukasz Janyst | Shutterstock.com

Página 128: Piith Hant | Shutterstock.com

Páginas 130-131: Oleg Chegodaev | Shutterstock.com

Página 132: Kevin George | Shutterstock.com

Página 135: Charles Harker | Shutterstock.com

Páginas 138-139: Malachit | Shutterstock.com

Página 141: Nataliia Kasian | Shutterstock.com

Página 142: Uladzik Kryhin | Shutterstock.com

Página 148: Olga Gavrilova | Shutterstock.com

Página 152: wjarek | Shutterstock.com

Página 155: Travelsewhere | Shutterstock.com

Página 156: NeydtStock | Shutterstock.com

Página 160: Vincent St. Thomas | Shutterstock.com

Página 163: Catarina Belova | Shutterstock.com

Página 164: Boris Stroujko | Shutterstock.com

Página 167: ivan bastien | Shutterstock.com

Esta obra se imprimió y encuadernó
en el mes de diciembre de 2017, en los
talleres de GRAFILUR S.A.,
que se localizan en la Av. Cervantes 51,
48970 Basauri (España)